ARENA KINDERBUCH-KLASSIKER

Die Herausgeberin der ARENA KINDERBUCH-KLASSIKER, Dr. Freya Stephan-Kühn, geboren 1943, studierte Geschichte und Latein an der Universität Köln und promovierte anschließend mit einer Dissertation über ein Thema aus der mittelalterlichen Geschichte. Heute lebt sie in Mönchengladbach. Sie ist Leiterin eines Krefelder Gymnasiums und Vorsitzende des nordrhein-westfälischen Landesverbandes der Geschichtslehrer. Dr. Freya Stephan-Kühn hat zahlreiche wissenschaftliche Aufsätze verfaßt und sich mit den Arena-Büchern wie *Was in den Höhlen begann ...* oder den Titeln aus der *Viel Spaß!*-Reihe auch als Sachbuchautorin einen Namen gemacht. An der Universität Düsseldorf hat sie einen Lehrauftrag für Geschichte und Jugendbuch. Sie verfügt über eine umfangreiche Sammlung internationaler Kinderbuch-Klassiker.

Peter Rosegger

Als ich noch der Waldbauernbub war

Mit Bildern von Ute Martens

Arena

1. Auflage 1996

Einbandillustration: Bernhard Oberdieck
Innenillustrationen: Ute Martens
Reihengestaltung: Karl Müller-Bussdorf
Herausgegeben und mit einem Nachwort versehen von
Dr. Freya Stephan-Kühn
Gesamtherstellung: Westermann Druck Zwickau GmbH
ISBN 3-401-04688-8

Inhalt

Weihnachten
Als ich Christtagsfreude holen ging 7
Ums Vaterwort 22
In der Christnacht 30
Der erste Christbaum in der Waldheimat 55

Ostern
Als ich nach Emmaus zog 67

Pfingsten
Als ich um Hasenöl geschickt wurde 79

Fronleichnam
Der Fronleichnamsaltar 93

Sonnenwende (21. Juni)
Dreihundertvierundsechzig und eine Nacht 106

Peter und Paul (29. Juni)
Als ich auf den Taschenfeitel wartete 113

Sommer
Als ich das erste Mal auf dem Dampfwagen saß 120

Mariä Himmelfahrt (15. August)
Vom Urgroßvater, der auf der Tanne saß 130

Michaelistag (29. September)
Weg nach Maria Zell 144

Herbst
Als wir zur Schulprüfung geführt wurden 160

Allerheiligen (1. November)
Als ich das Ofenhückerl war 173

Martinstag (11. November)
Wie ich dem lieben Herrgott
mein Sonntagsjöppel schenkte 184

Nachwort 192

Weihnachten

Als ich Christtagsfreude holen ging

In meinem zwölften Lebensjahre wird es gewesen sein, als am Frühmorgen des heiligen Christabends mein Vater mich an der Schulter rüttelte: Ich solle aufwachen und zur Besinnung kommen, er habe mir was zu sagen. Die Augen waren bald halb offen, aber die Besinnung! Als ich unter Mithilfe der Mutter angezogen war und bei der Frühsuppe saß, verlor sich die Schlaftrunkenheit allmählich, und nun sprach mein Vater: »Peter, jetzt höre, was ich dir sage. Da nimm einen leeren Sack, denn du wirst was heimtragen. Da nimm meinen Stecken, denn es ist viel Schnee, und da nimm eine Laterne, denn der Pfad ist schlecht, und die Stege sind vereist. Du mußt hinabgehen nach Langenwang. Den Holzhändler Spreitzegger zu Langenwang, den kennst du, der ist mir noch immer das Geld schuldig, zwei Gulden und sechsunddreißig Kreuzer für den Lärchbaum. Ich lass' ihn bitten drum; schön höflich anklopfen und den Hut abnehmen, wenn du in sein Zimmer trittst. Mit dem Gelde gehest nachher zum Kaufmann Doppelreiter und kaufest zwei Maßel Semmelmehl und zwei Pfund Rindschmalz und um zwei Groschen Salz, und das tragst heim.«
Jetzt war aber auch meine Mutter zugegen, ebenfalls schon

angekleidet, während meine sechs jüngeren Geschwister noch ringsum an der Wand in ihren Bettchen schliefen. Die Mutter, die redete drein wie folgt: »Mit Mehl und Schmalz und Salz allein kann ich kein Christtagsessen richten. Ich brauch' dazu noch Germ* um einen Groschen, Weinbeerln um fünf Kreuzer, Zucker um fünf Groschen, Safran um zwei Groschen und Neugewürz** um zwei Kreuzer. Etliche Semmeln werden auch müssen sein.«

»So kaufest es«, setzte der Vater ruhig bei. »Und wenn dir das Geld zuwenig wird, so bittest den Herrn Doppelreiter, er möcht' die Sachen derweil borgen, und zu Ostern wollt' ich schon fleißig zahlen. Eine Semmel kannst unterwegs selber essen, weil du vor abend nicht heimkommst. Und jetzt kannst gehen, es wird schon fünf Uhr, und daß du noch die Achtuhrmesse erlangst zu Langenwang.«

Das war alles gut und recht. Den Sack band mein Vater mir um die Mitte, den Stecken nahm ich in die rechte Hand, die Laterne mit der frischen Talgkerze in die linke, und so ging ich davon, wie ich zu jener Zeit in Wintertagen oft davongegangen war. Der durch wenige Fußgeher ausgetretene Pfad war holperig im tiefen Schnee, und es ist nicht immer leicht, nach den Fußstapfen unserer Vorderen zu wandeln, wenn diese zu lange Beine gehabt haben. Noch nicht dreihundert Schritte war ich gegangen, so lag ich im Schnee, und die Laterne, hingeschleudert, war ausgelöscht. Ich suchte mich langsam zusammen, und dann schaute ich die wunderschöne Nacht an. Anfangs war sie ganz grausam finster, allmählich hub der Schnee an, weiß zu

---

* Hefe

** Piment

werden und die Bäume schwarz, und in der Höhe war helles Sternengefunkel. In den Schnee fallen kann man auch ohne Laterne, so stellte ich sie seithin unter einen Strauch, und ohne Licht ging's nun besser als vorhin.

In die Talschlucht kam ich hinab, das Wasser des Fresenbaches war eingedeckt mit glattem Eise, auf welchem, als ich über den Steg ging, die Sterne des Himmels gleichsam Schlittschuh liefen. Später war ein Berg zu übersteigen; auf dem Passe, genannt der »Höllkogel«, stieß ich zur wegsamen Bezirksstraße, die durch Wald und Feld hinabführt in das Mürztal. In diesem lag ein weites Meer von Nebel, in welches ich sachte hineinkam, und die feuchte Luft fing an, fernen Lärm an mein Ohr zu tragen, denn im Tale hämmerten die Eisenwerke, rollte manchmal ein Eisenbahnzug über dröhnende Brücken.

Nach langer Wanderung ins Tal gekommen zur Landstraße, klingelten Schlittengeschelle, der Nebel ward grau und lichter, so daß ich die Fuhrwerke und Wandersleute, die für die Feiertage nach ihren Heimstätten reisten, schon auf kleine Strecken weit sehen konnte. Nachdem ich eine Stunde lang im Tale fortgegangen war, tauchte links an der Straße im Nebel ein dunkler Pfad auf, rechts auch einer, links mehrere, rechts eine ganze Reihe – das Dorf Langenwang.

Alles, was Zeit hatte, ging der Kirche zu, denn der Heilige Abend ist voller Vorahnung und Gottesweihe. Bevor noch die Messe anfing, schritt der hagere gebückte Schulmeister durch die Kirche, musterte die Andächtigen, als ob er jemanden suche. Endlich trat er an mich und fragte leise, ob ich ihm nicht den Blasebalg für die Orgel ziehen wolle, es sei der Messnerbub krank. Voll Stolz und Freude, allso zum Dienste des Herrn gewürdigt zu sein, ging ich mit ihm auf den Chor.

Während ich die zwei langen Lederriemen abwechselnd aus dem Kasten zog, in welchen jeder derselben allemal wieder langsam hineinkroch, orgelte der Schulmeister, und seine Tochter sang allso:

»Tauet, Himmel, den Gerechten,
Wolken, regnet ihn herab!
Also rief in bangen Nächten
Einst die Welt, ein weites Grab.
In von Gott verhaßten Gründen
Herrschten Satan, Tod und Sünden.
Fest verschlossen war das Tor
Zu dem Himmelreich empor.«

Ferner erinnere ich mich, an jenem Morgen nach dem Gottesdienste in der dämmerigen Kirche vor ein Heiligenbild hingekniet zu sein und gebetet zu haben um Glück und Segen zur Erfüllung meiner bevorstehenden Aufgabe. Das Bild stellte die Vierzehn Nothelfer dar – einer wird doch dabei sein, der zur Eintreibung von Schulden behilflich ist. Es schien mir aber, als schiebe während meines Gebetes auf dem Bilde einer sich sachte hinter den andern zurück.
Trotzdem lief ich guten Mutes hinaus in den nebeligen Tag, wo alles emsig war in der Vorbereitung zum Feste, und ging dem Hause des Holzhändlers Spreitzegger zu. Als ich daran war, zur vorderen Tür hineinzugehen, wollte der alte Spreitzegger, soviel ich mir später reimte, durch die hintere Tür entwischen. Es wäre ihm gelungen, wenn mir nicht im Augenblicke geschwant hätte: Peter, geh nicht zur vorderen Tür ins Haus wie ein Herr, sei demütig, geh zur hinteren Tür hinein, wie es dem

Waldbauernbub geziemt. Und knapp an der hinteren Türe trafen wir uns.
»Ah, Bübel, du willst dich wärmen gehen«, sagte er mit geschmeidiger Stimme und deutete ins Haus, »na, geh dich nur wärmen. Ist kalt heut!« Und wollte davon.
»Mir ist nicht kalt«, antwortete ich, »aber mein Vater läßt den Spreitzegger schön grüßen und bitten ums Geld.«
»Ums Geld? Wieso?« fragte er. »Ja, richtig, du bist der Waldbauernbub. Bist früh aufgestanden heut, wenn du schon den weiten Weg kommst. Ruh dich nur aus. Und ich lass' deinen Vater auch schön grüßen und glückliche Feiertage wünschen; ich komm' ohnehin ehzeit einmal zu euch hinauf, nachher wollen wir schon gleich werden.«
Fast verschlug's mir die Rede, stand doch unser ganzes Weihnachtsmahl in Gefahr vor solchem Bescheid.
»Bitt' wohl von Herzen schön ums Geld, muß Mehl kaufen und Schmalz und Salz, und ich darf nicht heimkommen mit leerem Sack.«
Er schaute mich starr an. »Du kannst es!« brummte er, zerrte mit zäher Gebärde seine große, rote Brieftasche hervor, zupfte in den Papieren, die wahrscheinlich nicht pure Banknoten waren, zog einen Gulden heraus und sagte: »Na, so nimm derweil das, in vierzehn Tagen wird dein Vater den Rest schon kriegen. Heut hab' ich nicht mehr.«
Den Gulden schob er mir in die Hand, ging davon und ließ mich stehen.
Ich blieb aber nicht stehen, sondern ging zum Kaufmann Doppelreiter. Dort begehrte ich ruhig und gemessen, als ob nichts wäre, zwei Maßel Semmelmehl, zwei Pfund Rindsschmalz, um zwei Groschen Salz, um einen Groschen Germ,

um fünf Kreuzer Weinbeerln, um zwei Groschen Zucker, um zwei Groschen Safran und um zwei Kreuzer Neugewürz. Der Herr Doppelreiter bediente mich selbst und machte mir alles hübsch zurecht in Päckchen und Tütchen, die er dann mit Kordel zusammen in ein einziges Paket band und an den Mehlsack so hängte, daß ich das Ding über der Achsel tragen konnte, vorne ein Bündel und hinten ein Bündel.

Als das geschehen war, fragte ich mit einer nicht minder tükkischen Ruhe als vorhin, was das alles zusammen ausmache.

»Das macht drei Gulden fünfzehn Kreuzer«, antwortete er.

»Ja, ist schon recht«, hierauf ich, »da ist derweil ein Gulden, und das andere wird mein Vater, der Waldbauer in Alpel, zu Ostern zahlen.«

Schaute mich der bedauernswerte Mann an und fragte höchst ungleich: »Zu Ostern? In welchem Jahr?«

»Na nächst' Ostern.«

Nun mischte sich die Frau Doppelreiterin, die andere Kunden bediente, drein und sagte: »Laß ihm's nur, Mann, der Waldbauer hat schon öfter auf Borg genommen und nachher alles mal ordentlich bezahlt. Laß ihm's nur.«

»Ich lass' ihm's ja, werd' ihm's nicht wieder wegnehmen«, antwortete der Doppelreiter. Das war doch ein bequemer Kaufmann! Jetzt fielen mir auch die Semmeln ein, welche meine Mutter noch bestellt hatte.

»Kann man da nicht auch fünf Semmeln haben?« fragte ich.

»Semmeln, kriegt man beim Bäcker«, sagte der Kaufmann.

Das wußte ich nun gleichwohl, nur hatte ich mein Lebtag nichts davon gehört, daß man ein paar Semmeln, auf Borg nimmt, daher vertraute ich der Kaufmännin, die sofort als Gönnerin zu betrachten war, meine vollständige Zahlungsunfähigkeit an. Sie gab mir zwei bare Groschen für Semmeln und als sie nun noch beobachtete, wie meine Augen mit den reiffeuchten Wimpern fast unablösbar an den gedörrten Zwetschgen hingen, die sie einer alten Frau in den Korb tat, reichte sie mir auch noch eine Handvoll dieser köstlichen Sache zu: »Unterwegs zum Naschen.«

Nicht lange hernach, und ich trabe mit meinen Gütern reich und schwer bepackt durch die breite Dorfgasse dahin. Überall in den Häusern wurde gemetzgert, gebacken, gebraten, gekellert; ich beneidete die Leute nicht; ich bedauerte sie vielmehr, daß sie nicht ich waren, der mit so großem Segen beladen gen Alpel zog. Das wird morgen ein Christtag werden! Denn die Mutter kann's, wenn sie die Sachen hat. Ein Schwein ist ja auch geschlachtet worden daheim, das gibt Fleischbrühe mit Semmelbrocken, Speck, Würste, Nieren-Lümperln, Knödelfleisch mit Kren*, dann erst die Krapfen, die Zuckernudeln, das

* Meerrettich

Schmalzgebackene mit Weinbeerln und Safran! – Die Herrenleut' da in Langenwang haben so was alle Tag, das ist nichts, aber wir haben es im Jahr einmal und kommen mit unverdorbenem Magen dazu, das ist was! – Und doch dachte ich auf diesem belasteten Freudenmarsch weniger noch ans Essen als an das liebe Christkind und sein hochheiliges Fest. Am Abend, wenn ich nach Hause komme, werde ich aus der Bibel davon vorlesen, die Mutter und die Magd Mirzel werden Weihnachtslieder singen; dann, wenn es zehn Uhr wird, werden wir uns aufmachen nach Sankt Kathrein und in der Kirche die feierliche Christmette begehen bei Glocken, Musik und unzähligen Lichtern. Und am Seitenaltar ist das Krippel aufgerichtet mit Ochs und Esel und den Hirten und auf dem Berg die Stadt Bethlehem und darüber die Engel, singend: Ehre sei Gott in der Höhe! – Diese Gedanken trugen mich anfangs wie Flügel. Doch als ich eine Weile die schlittenglatte Landstraße dahingegangen war, unter den Füßen knirschenden Schnee, mußte ich mein Doppelbündel schon einmal wechseln von einer Achsel auf die andere.

In der Nähe des Wirtshauses »Zum Sprengzaun« kam mir etwas Vierspänniges entgegen. Ein leichtes Schlittlein, mit vier feurigen, hochaufgefederten Rappen bespannt, auf dem Bock ein Kutscher mit glänzenden Knöpfen und einem hohen Hut. Der Kaiser? Nein, der Herr Wachtler vom Schloß Hohenwang saß im Schlitten, über und über in Pelze gehüllt und eine Zigarre schmauchend. Ich blieb stehen, schaute dem blitzschnell vorüberrutschenden Zeug eine Weile nach und dachte: Etwas krumm ist es doch eingerichtet auf dieser Welt. Da ist ein starker Mann drin und laßt sich hinziehen mit soviel überschüssiger Kraft, und ich vermag mein Bündel kaum zu schleppen.

Mittlerweile war es Mittagszeit geworden. Durch den Nebel war die milchweiße Scheibe der Sonne zu sehen; sie war nicht hoch an dem Himmel hinaufgestiegen, denn um vier Uhr wollte sie ja wieder unten sein, zur langen Christnacht. Ich fühlte in den Beinen manchmal so ein heißes Prickeln, das bis in die Brust heraufstieg, es zitterten mir die Glieder. Nicht weit von der Stelle, wo der Weg nach Alpel abzweigt, stand ein Kreuz mit dem lebensgroßen Bilde des Heilands. Es stand, wie es heute noch steht, an seinem Fuß Johannes und Magdalena, das Ganze mit einem Bretterverschlag verwahrt, so daß es wie eine Kapelle war. Vor dem Kreuze auf die Bank, die für kniende Beter bestimmt ist, setzte ich mich nieder, um Mittag zu halten. Eine Semmel, die gehörte mir, meine Neigung zu ihr war so groß, daß ich sie am liebsten in wenigen Bissen verschluckt hätte. Allein, das schnelle Schlucken ist nicht gesund, das wußte ich von anderen Leuten, und das langsame Essen macht einen längeren Genuß, das wußte ich schon von mir selber. Also beschloß ich, die Semmel recht gemächlich und bedächtig zu genießen und dazwischen manchmal eine gedörrte Zwetschge zu naschen.

Es war eine sehr köstliche Mahlzeit; wenn ich heute etwas recht Gutes haben will, das kostet außerordentliche Anstrengungen aller Art; ach, wenn man nie und nie einen Mangel zu leiden hat, wie wird man da arm!

Und wie war ich so reich damals, als ich arm war!

Als ich nach der Mahlzeit mein Doppelbündel wieder auflud, war's ein Spaß mit ihm, flink ging es voran. Als ich später in die Bergwälder hinaufkam und der graue Nebel dicht in den schneebeschwerten Bäumen hing, dachte ich an den Grabler-Hansel. Das war ein Kohlenführer, der täglich von Alpel seine

Fuhr' ins Mürztal lieferte. Wenn er auch heute gefahren wäre! Und wenn er jetzt heimwärts mit dem leeren Schlitten des Weges käme und mir das Bündel auflüde! Und am Ende gar mich selber! Daß es so heiß sein kann im Winter! Mitten in Schnee und Eisschollen schwitzen! Doch morgen wird alle Mühsal vergessen sein. Derlei Gedanken und Vorstellungen verkürzten mir unterwegs die Zeit.
Auf einmal roch ich starken Tabakrauch. Knapp hinter mir ging – ganz leise auftretend – der grüne Kilian. Der Kilian war früher

einige Zeitlang Forstgehilfe gewesen, jetzt war er's nicht mehr, wohnte mit seiner Familie in einer Hütte drüben in der Fischbacher Gegend, man wußte nicht recht, was er trieb. Nun ging er nach Hause. Er hatte einen Korb auf dem Rücken, an dem er nicht schwer zu tragen schien, sein Gewand war noch ein jägermäßiges, aber hübsch abgetragen, und sein schwarzer Vollbart ließ nicht viel sehen von seinem etwas fahlen Gesichte. Als ich ihn bemerkt hatte, nahm er die Pfeife aus dem Mund, lachte laut und sagte: »Wo schiebst denn hin, Bub?«

»Heim zu«, meine Antwort.

»Was schleppest denn?«

»Sachen für den Christtag.«

»Gute Sachen? Der tausend sapperment! Wem gehörst denn zu?«

»Dem Waldbauern.«

»Zum Waldbauer willst gar hinauf! Da mußt dich dranhalten.«

»Tu's schon«, sagte ich und hielt mich dran.

»Nach einem solchen Marsch wirst gut schlafen bei der Nacht«, versetzte der Kilian, mit mir gleichen Schritt haltend.

»Heut wird nicht geschlafen bei der Nacht, heut ist Christnacht.«

»Was willst denn sonst tun als schlafen bei der Nacht?«

»Nach Kathrein in die Mette gehen.«

»Nach Kathrein?« fragte er. »Den weiten Weg?«

»Um zehn Uhr abends gehen wir vom Haus fort, und um drei Uhr früh sind wir wieder daheim.«

Der Kilian biß in sein Pfeifenrohr und sagte: »Na, hörst du, da gehört viel Christentum dazu. Beim Tag ins Mürztal und bei der Nacht in die Mette nach Kathrein! Soviel Christentum hab' ich nicht, aber das sage ich dir doch: Wenn du dein Bündel in meinen Buckelkorb tun willst, daß ich es dir eine Zeitlang trag' und du dich ausrasten kannst, so hast ganz recht, warum soll der alte Esel nicht auch einmal tragen!«

Damit war ich einverstanden, und während mein Bündel in seinen Korb sank, dachte ich: Der grüne Kilian ist halt doch ein besserer Mensch, als man sagt.

Dann rückten wir wieder an, ich huschte frei und leicht neben ihm her.

»Ja, ja, die Weihnachten!« sagte der Kilian. »Da geht's halt drunter und drüber. Da reden sich die Leut' in eine Aufregung und Frömmigkeit hinein, die gar nicht wahr ist. Im Grund ist der Christtag wie jeder andere Tag, nicht einen Knopf anders. Der Reiche, ja, der hat jeden Tag Christtag, unsereiner hat jeden Tag Karfreitag.«

»Der Karfreitag ist auch schön«, war meine Meinung.

»Ja, wer genug Fische und Butter und Eier und Kuchen und Krapfen hat zum Fasten!« lachte der Kilian.

Mir kam sein Reden etwas heidentümlich vor. Doch was er noch weiteres sagte, das verstand ich nicht mehr, denn er hatte angefangen, sehr heftig zu gehen, und ich konnte nicht recht nachkommen. Ich rutschte auf dem glitschigen Schnee mit jedem Schritt ein Stückchen zurück, der Kilian hatte Fußeisen angeschnallt, hatte lange Beine, war nicht erschöpft – da ging's freilich voran.

»Herr Kilian!« rief ich.

Er hörte es nicht. Der Abstand zwischen uns wurde immer größer, bei Wegbiegungen entschwand er mir manchmal ganz aus den Augen, um nachher wieder in größerer Entfernung, halb schon von Nebeldämmerung verhüllt, aufzutauchen. Jetzt wurde mir bang um mein Bündel. Kamen wir ja doch schon dem Höllkogel nahe. Das ist jene Stelle, wo der Weg nach Alpel und der Weg nach Fischbach sich gabeln. Ich hub an zu laufen; im Angesichte der Gefahr war alle Müdigkeit dahin, ich lief wie ein Hündlein und kam ihm näher. Was wollte ich aber anfangen, wenn ich ihn eingeholt hätte, wenn ihm der Wille fehlte, die Sachen herzugeben, und mir die Kraft, sie zu nehmen? Das kann ein schönes Ende werden mit diesem Tage, denn die Sachen lasse ich nicht im Stich, und sollte ich ihm nachlaufen müssen bis hinter den Fischbacher Wald zu seiner Hütte!

Als wir denn beide so merkwürdig schnell vorwärts kamen, holten wir ein Schlittengespann ein, das vor uns mit zwei grauen Ochsen und einem schwarzen Kohlenführer langsam des Weges schlich. Der Grabler-Hansel. Mein grüner Kilian wollte schon an dem Gespann vorüberhuschen, da schrie ich von hinten her aus Leibeskräften: »Hansel! Hansel! Sei so gut, leg mir meine Christtagssachen auf den Schlitten, der Kilian hat sie im Korb, und er soll sie dir geben!«

Mein Schrei muß wohl sehr angstvoll gewesen sein, denn der Hansel sprang sofort von seinem Schlitten und nahm eine tatbereite Haltung ein. Und wie der Kilian merkte, ich hätte hier einen Bundesgenossen, riß er sich den Korb vom Rücken und schleuderte das Bündel auf den Schlitten. Noch knirschte er etwas von »dummen Bären« und »Undankbarkeit«, dann war er auch schon davon.

Der Hansel rückte das Bündel zurecht und fragte, ob man sich drauf setzen dürfe. Das bat ich, nicht zu tun.

Also tat er's auch nicht, wir setzten uns hübsch nebeneinander auf den Schlitten, und ich hielt auf dem Schoß sorgfältig mit beiden Händen die Sachen für den Christtag. So kamen wir endlich nach Alpel. Als wir zur ersten Brücke gekommen waren, sagte der Hansel zu den Ochsen: »Oha!« und zu mir: »So!« Die Ochsen verstanden und blieben stehen, ich verstand nicht und blieb sitzen. Aber nicht mehr lange, es war ja zum Aussteigen, denn der Hansel mußte links in den Graben hinein und ich rechts den Berg hinauf.

»Dank dir's Gott, Hansel!«

»Ist schon gut, Peterl.«

Zur Zeit, da ich mit meiner Last den steilen Berg hinanstieg gegen mein Vaterhaus, begann es, zu dämmern und zu schneien. Und zuletzt war ich doch daheim.

»Hast alles?« fragte die Mutter am Kochherd mir entgegen.

»Alles!«

»Brav bist. Und hungrig wirst sein.«

Beides ließ ich gelten. Sogleich zog die Mutter mir die klingendhart gefrorenen Schuhe von den Füßen, denn ich wollte, daß sie frisch eingefettet würden für den nächtlichen Mettengang. Dann setzte ich mich in der warmen Stube zum Essen. Aber siehe, während des Essens geht es zu Ende mit meiner Erinnerung. – Als ich wieder zu mir kam, lag ich wohlausgeschlafen in meinem warmen Bett, und zum kleinen Fenster herein schien die Morgensonne des Christtages.

Weihnachten

Ums Vaterwort

Ich habe im Grunde keine schlechte Erziehung genossen, sondern vielmehr gar keine. War ich ein braves, frommes, folgsames, anstelliges Kind, so lobten mich meine Eltern; war ich das Gegenteil, so zankten sie mich derb aus. Das Lob tat mir fast allezeit wohl, und ich hatte dabei das Gefühl, als ob ich in die Länge ginge, weil manche Kinder wie Pflanzen sind, die nur bei Sonnenschein schlank wachsen.

Nun war mein Vater aber der Ansicht, daß ich nicht allein in die Länge, sondern auch in die Breite wachsen müsse, und dafür seien der Ernst und die Strenge gut.

Meine Mutter hatte nichts als Liebe.

Mein Vater mochte ebenso fühlen, allein, er verstand es nicht, seiner Wärme und Liebe Ausdruck zu geben. In den Jahren, da ich das erste Dutzend Hosen zerriß, gab er sich nicht just viel mit mir ab, außer wenn ich etwas Unbraves angestellt hatte; in diesem Falle ließ er seine Strenge walten. Seine Strenge und meine Strafe bestanden gewöhnlich darin, daß er vor mich hintrat und mir mit schallenden, zornigen Worten meinen Fehler vorhielt und die Strafe andeutete, die ich verdient hätte. Ich hatte mich beim Ausbruche der Erregung allemal vor den

Vater hingestellt, war mit niederhängenden Armen wie versteinert vor ihm stehen geblieben und hatte ihm während des heftigen Verweises unverwandt in sein zorniges Angesicht geschaut. Ich bereute in meinem Innern den Fehler stets, ich hatte das deutliche Gefühl der Schuld, aber ich erinnere mich auch an eine andere Empfindung, die mich bei solchen Strafpredigten überkam: Es war ein eigenartiges Zittern in mir, ein Reiz- und Lustgefühl, wenn das Donnerwetter so recht auf mich niederging. Es kamen mir die Tränen in die Augen, sie rieselten mir über die Wangen, aber ich stand wie ein Bäumlein, schaute den Vater an und hatte ein unerklärliches Wohlgefühl, das in dem Maße wuchs, je länger und je ausdrucksvoller mein Vater vor mir wetterte.

Wenn hierauf Wochen vorbeigingen, ohne daß ich etwas heraufbeschwor, und mein Vater immer gütig und still an mir vorüberschritt, begann in mir allmählich wieder der Drang zu erwachen und zu reifen, etwas anzustellen, was den Vater in Wut bringe. Das geschah nicht, um ihn zu ärgern, denn ich hatte ihn überaus lieb; es geschah gewiß nicht aus Bosheit, sondern aus einem anderen Grunde, dessen ich mir damals nicht bewußt war.

Da war es einmal am heiligen Christabend. Der Vater hatte den Sommer zuvor in Mariazell ein schwarzes Kruzifixlein gekauft, an welchem ein aus Blei gegossener Christus und die aus demselben Material gebildeten Marterwerkzeuge hingen. Dieses Heiligtum war in Verwahrung geblieben bis auf den Christabend, an welchem es mein Vater aus seinem Kasten hervornahm und auf das Hausaltärchen stellte. Ich nahm die Stunde wahr, da meine Eltern und die übrigen Leute noch draußen in den Wirtschaftsgebäuden und in der Küche zu schaffen hatten, um das hohe Fest vorzubereiten, ich nahm das Kruzifixlein von der Wand, hockte mich damit in den Ofenwinkel und begann, es zu zerlegen. Es war mir eine ganz seltsame Lust, als ich mit meinem Taschenfeitel* zuerst die Leiter, dann die Zange und den Hammer, hernach den Hahn des Petrus und zuletzt den lieben Christus vom Kreuze löste. Die Teile kamen mir nun getrennt viel interessanter vor als früher im ganzen; doch jetzt, da ich fertig war, die Dinge wieder zusammensetzen wollte, aber nicht konnte, fühlte ich in der Brust eine Hitze aufsteigen, auch meinte ich, es würde mir der Hals zugebunden. – Wenn's nur beim Ausschelten bleibt diesmal ...? – Zwar sagte ich mir: Das schwarze Kreuz ist jetzt schöner als früher; in der Hohenwanger Kapelle steht auch ein schwarzes Kreuz, wo nichts dran ist, und gehen doch die Leute hin zu beten. Und wer braucht zu Weihnachten einen gekreuzigten Herrgott? Da muß er in der Krippe liegen, sagt der Pfarrer. Und das will ich machen.

Ich bog dem bleiernen Christus die Beine krumm und die Arme über die Brust und legte ihn in das Nähkörbchen der Mutter und stellte so mein Kripplein auf den Hausaltar, während ich das Kreuz in dem Stroh des Elternbettes verbarg, nicht bedenkend, daß das Körbchen die Kreuzabnahme verraten müsse.

Das Geschick erfüllte sich bald. Die Mutter bemerkte es zuerst, wie närrisch doch heute der Nähkorb zu den Heiligenbildern hinaufkäme.

»Wem ist denn das Kruzifixlein da oben im Weg gewesen?« fragte gleichzeitig mein Vater.

---

* Taschenmesser

Ich stand etwas abseits, und eine absonderliche Beklemmung mahnte mich, jetzt womöglich noch weiter in den Hintergrund zu treten.
Mein Vater ging auf mich zu und fragte fast bescheidentlich, ob ich nicht wisse, wo das Kreuz hingekommen sei? Da stellte ich mich schon kerzengerade vor ihn hin und schaute ihm ins Gesicht. Er wiederholte seine Frage, ich wies mit der Hand gegen das Bettstroh, es kamen die Tränen, aber ich glaube, daß ich keinen Mundwinkel verzogen habe.
Der Vater suchte das Verborgene hervor und war nicht zornig, nur überrascht, als er die Mißhandlung des Heiligtums sah. Er stellte das kahle Kruzifixlein auf den Tisch. »Nun sehe ich wohl«, sagte er mit aller Gelassenheit und langte seinen Hut vom Nagel, »nun sehe ich wohl, er muß endlich rechtschaffen gestraft werden. Wenn einmal der Christi Herrgott nicht sicher geht . . .! Bleib mir in der Stuben, Bub!« fuhr er mich finster an und ging dann zur Türe hinaus.
»Spring ihm nach, und schau zum Bitten!« rief mir die Mutter zu. »Er geht Birkenruten abschneiden.«
Ich war wie an den Boden geschmiedet. Gräßlich klar sah ich, was nun über mich kommen würde, aber ich war außerstande, auch nur einen Schritt zur Abwehr zu machen. Die Mutter ging ihrer Arbeit nach, in der abendlich dunkelnden Stube stand ich allein und vor mir auf dem Tisch das verstümmelte Kruzifix. Heftig erschrak ich vor jedem Geräusch. Im alten Uhrkasten, der dort an der Wand bis zum Fußboden niederging, rasselte das Gewicht der Schwarzwälder Uhr, welche die fünfte Stunde schlug. Endlich hörte ich draußen auch das Schneeabklopfen von den Schuhen, es waren des Vaters Tritte. Als er mit dem Birkenzweig in die Stube trat, war ich verschwunden.

Er ging in die Küche und fragte mit wild herausgestoßener Stimme, wo der Bub sei. Es begann im Hause ein Suchen, in der Stube wurden das Bett und die Winkel durchstöbert, in der Nebenkammer, im Oberboden hörte ich sie herumgehen, ich hörte die Befehle, man möge in den Ställen die Futterkrippen und in den Scheunen Heu und Stroh durchforschen, man möge auch in den Wald hinausgehen und den Buben nur stracks vor den Vater bringen – diesen Christabend solle er sich für sein Lebtag merken! Aber sie kehrten unverrichteter Dinge zurück. Zwei Knechte wurden nun in die Nachbarschaft geschickt, aber meine Mutter rief, wenn ich etwa zu einem Nachbarn über Feld und Wald gegangen sei, so müsse ich ja erfrieren, es seien mein Jöpplein und mein Hut in der Stube. Das sei doch ein rechtes Elend mit den Kindern!
Sie gingen davon, das Haus wurde fast leer, und in der finsteren Stube sah man nichts mehr als die grauen Vierecke der Fenster. Ich stak im Uhrkasten und konnte durch die Fugen desselben hervorgucken. Durch das Türchen, welches für das Aufziehen des Uhrwerkes angebracht war, hatte ich mich hineingezwängt und innerhalb des Verschlages hinabgelassen, so daß ich nun im Uhrkasten ganz aufrecht stand.
Was ich in diesem Versteck für Angst ausgestanden habe! Daß es kein gutes Ende nehmen konnte, sah ich voraus, und daß die von Stunde zu Stunde wachsende Aufregung das Ende von Stunde zu Stunde gefährlicher machen mußte, war mir auch klar. Ich verwünschte den Nähkorb, der mich anfangs verraten hatte, ich verwünschte das Kruzifixlein – meinen Leichtsinn zu verwünschen, vergaß ich. Es gingen Stunden hin, ich blieb in meinem aufrecht stehenden Sarge, und schon saß mir der Eisenzapfen des Uhrgewichtes auf dem Scheitel, und ich muß-

te mich womöglich niederducken, sollte das Stehenbleiben der Uhr nicht Anlaß zum Aufziehen derselben und somit zu meiner Entdeckung geben. Denn endlich waren meine Eltern in die Stube gekommen, hatten Licht gemacht und meinetwegen einen Streit begonnen.

»Ich weiß nirgends mehr zu suchen«, hatte mein Vater gesagt und war erschöpft auf einen Stuhl gefallen.

»Wenn er sich im Walde vergangen hat oder unter dem Schnee liegt!« rief die Mutter und erhob ein lautes Weinen.

»Sei still davon!« sagte der Vater. »Ich mag's nicht hören.«

»Du magst es nicht hören und hast ihn mit deiner Herbheit selber vertrieben.«

»Mit diesem Zweiglein hätte ich ihm kein Bein abgeschlagen«, versetzte er und ließ die Birkenrute auf den Tisch niederpfeifen. »Aber jetzt, wenn ich ihn erwisch', schlag' ich einen Zaunstecken an ihm entzwei.«

»Tue es, tue es – 'leicht tut's ihm nicht mehr weh«, sagte die Mutter und setzte das Weinen fort. »Meinst, du hättest deine Kinder nur zum Zornauslassen? Da hat der lieb' Herrgott ganz recht, wenn er sie beizeiten wieder zu sich nimmt! Kinder muß man liebhaben, wenn etwas aus ihnen werden soll.«

Hierauf er: »Wer sagt denn, daß ich den Buben nicht liebhab'? Ins Herz hinein, Gott weiß es! Aber sagen mag ich ihm's nicht; ich mag's nicht, und ich kann's nicht. Ihm selber tut's nicht so weh als mir, wenn ich ihn strafen muß, das weiß ich!«

»Ich geh' noch einmal suchen!« sagte die Mutter.

»Ich will auch nicht dableiben!« sagte er.

»Du mußt mir einen warmen Löffel Suppe essen! 's ist Nachtmahlzeit«, sagte sie.

»Ich mag jetzt nichts essen! Ich weiß mir keinen andern Rat«,

sagte der Vater, kniete zum Tisch hin und begann still zu beten.
Die Mutter ging in die Küche, um zur neuen Suche meine warmen Kleider zusammenzutragen für den Fall, daß man mich irgendwo halb erfroren finde. In der Stube war es wieder still, und mir in meinem Uhrkasten war's, als müsse mir vor Leid und Pein das Herz brechen. Plötzlich begann mein Vater aus seinem Gebete krampfhaft aufzuschluchzen. Sein Haupt fiel nieder auf den Arm, und die ganze Gestalt bebte.
Ich tat einen lauten Schrei. Nach wenigen Sekunden war ich von Vater und Mutter aus dem Gehäuse befreit, lag zu Füßen des Vaters und umklammerte wimmernd seine Knie.
»Mein Vater, mein Vater!«, das waren die einzigen Worte, die ich stammeln konnte. Er langte mit seinen beiden Armen nieder und hob mich auf zu seiner Brust, und mein Haar ward feucht von seinen Tränen.
Mir ist in jenem Augenblicke die Erkenntnis aufgegangen.
Ich sah, wie abscheulich es sei, diesen Vater zu reizen und zu beleidigen. Aber ich fand nun auch, warum ich es getan hatte. Aus Sehnsucht, das Vaterantlitz vor mir zu sehen, ihm ins Auge schauen zu können und seine zu mir sprechende Stimme zu hören.
Kein böser Ruf mehr ist in die heilige Christnacht geklungen, und von diesem Tage an ist vieles anders geworden. Mein Vater war seiner Liebe zu mir und meiner Anhänglichkeit an ihn inne geworden und hat mir in Spiel, Arbeit und Erholung wohl viele Stunden sein liebes Angesicht, sein treues Wort geschenkt, ohne daß ich noch einmal nötig gehabt hätte, es mit Bosheit erschleichen zu müssen.

Weihnachten

In der Christnacht

In unserer Stube, an der mit grauem Lehm übertünchten Ofenmauer, stand jahraus, jahrein ein Schemel aus Eichenholz. Er war immer glatt und rein gescheuert, denn er wurde, wie die anderen Stubengeräte, jeden Samstag mit feinem Bachsande und einem Strohwisch abgerieben. In der Zeit des Frühlings, des Sommers und des Herbstes stand dieser Schemel leer und einsam in seinem Winkel, nur an jedem Tag zur Abendzeit zog ihn die Ahne etwas weiter hervor, kniete auf denselben hin und verrichtete ihr Abendgebet. Auch an den Samstagen, wenn der Vater an dem Tisch die Feierabendandacht vorbetete, kniete die Ahne auf dem Schemel.

Als aber der Spätherbst kam mit den langen Abenden, an welchen die Knechte in der Stube aus Kienscheiten Leuchtspäne schnitzten und die Mägde sowie auch meine Mutter und Ahne Wolle und Flachs spannen, und als die Adventszeit kam, in welcher an solchen Span- und Spinnabenden alte Märchen erzählt und geistliche Lieder gesungen wurden, da saß ich beständig auf dem Schemel am Ofen.

Ich hörte von da aus den Geschichten und Gesängen zu, und wenn solche schauerlich wurden und sich meine kleine Seele

aufzuregen und zu fürchten begann, rückte ich den Schemel näher der Mutter und begann, mich ängstlich an ihr Kleid zu halten, und ich konnte gar nicht mehr begreifen, wie die andern über mich oder über ihre schrecklichen Geschichten noch zu lachen vermochten. Zuletzt, als es zum Schlafengehen kam und mir die Mutter mein Ladbettchen* hervorzog, wollte ich schon gar nicht mehr allein in das Bett gehen, und es mußte die Ahne neben mir liegen, bis die fürchterlichen Bilder in mir vergingen und ich einschlief.

Aber die langen Adventsnächte waren bei uns immer sehr kurz. Bald nach zwei Uhr begann es im Hause unruhig zu werden. Oben auf dem Dachboden hörte man die Knechte, wie sie sich ankleideten und umhergingen, und in der Küche bra-

* Bettchen in Form einer Schublade

chen die Mägde Späne ab und schürten am Herde. Dann gingen sie alle auf die Tenne zum Dreschen.
Auch die Mutter war aufgestanden und hatte in der Stube Licht gemacht; bald darauf erhob sich der Vater, und sie zogen Kleider an, die nicht ganz für den Werktag und auch nicht ganz für den Feiertag waren. Dann sprach die Mutter zur Ahne, die im Bette lag, einige Worte, und wenn ich, erweckt durch die Unruhe, auch irgendeine Bemerkung tat, so gab sie mir bloß zur Antwort: »Sei du nur schön still und schlaf!« – Dann zündeten meine Eltern eine Laterne an, löschten das Licht in der Stube aus und gingen aus dem Hause. Ich hörte noch die äußere Tür gehen, und ich sah an den Fenstern den Lichtschimmer vorüberflimmern, und ich hörte das Ächzen der Tritte im Schnee, und ich hörte noch das Rasseln des Kettenhundes. – Dann wurde es wieder ruhig, nur war das dumpfe, gleichmäßige Pochen der Drescher zu vernehmen, dann schlief ich wieder ein.
Der Vater und die Mutter gingen in die fast drei Stunden entfernte Pfarrkirche zur Fürbitte. Ich träumte ihnen nach, ich hörte die Kirchenglocken, ich hörte den Ton der Orgel und das Adventslied: Maria sei gegrüßet, du lichter Morgenstern! Und ich sah die Lichter am Hochaltare, und die Engelein, die über demselben standen, breiteten ihre goldenen Flügel aus und flogen in der Kirche umher, und einer, der mit der Posaune über dem Predigtstuhl stand, zog hinaus in die Heide und in die Wälder und blies es durch die ganze Welt, daß die Ankunft des Heilandes nahe sei.
Als ich erwachte, strahlte die Sonne schon lange zu den Fenstern herein, und draußen glitzerte und flimmerte der Schnee, und die Mutter ging wieder in der Stube umher und war in

Werktagskleidern und tat häusliche Arbeiten. Das Bett der Ahne neben dem meinigen war auch schon geschichtet, und die Ahne kam nun von der Küche herein und half mir die Höschen anziehen und wusch mein Gesicht mit kaltem Wasser, daß ich aus Empfindsamkeit zugleich weinte und lachte. Als dieses geschehen war, kniete ich auf meinen Schemel hin und betete mit der Ahne den Morgensegen:

»In Gottes Namen aufstehen,
Gegen Gott gehen,
Gegen Gott treten,
Zum himmlischen Vater beten,
Daß er uns verleih'
Lieb' Englein drei:
Der erste, der uns weist,
Der zweite, der uns speist,
Der dritt', der uns behüt' und bewahrt,
Daß uns an Leib und Seel' nichts widerfahrt.«

Nach dieser Andacht erhielt ich meine Morgensuppe, und nach derselben kam die Ahne mit einem Kübel Rüben, die wir nun zusammen zu schälen hatten. Ich saß dabei auf meinem Schemel. Aber bei dem Schälen der Rüben konnte ich die Ahne nie vollkommen zufriedenstellen; ich schnitt stets eine zu dicke Schale, ließ sie aber stellenweise doch wieder ganz auf der Rübe. Wenn ich mich dabei gar in den Finger schnitt und sofort zu weinen begann, so sagte die Ahne immer sehr unwirsch: »Mit dir ist wohl ein rechtes Kreuz, man sollte dich hinauswerfen in den Schnee!« Dabei verband sie mir die Wunde mit unsäglicher Sorgfalt und Liebe.

So vergingen die Tage des Advents, und ich und die Ahne sprachen immer häufiger und häufiger von dem Weihnachtsfeste und von dem Christkinde, das nun bald kommen werde zu den Menschen.

Je mehr wir dem Feste nahten, um so unruhiger wurde es im Hause. Die Knechte trieben das Vieh aus dem Stalle und gaben frische Streu hinein und stellten die Futtertröge und Krippen zurecht; der Halterbub striegelte die Ochsen, daß sie ein glattes Aussehen bekamen; der Futterbub mischte mehr Heu in das Stroh als gewöhnlich. Die Kuhmagd tat das gleiche. Das Dreschen hatte schon einige Tage früher aufgehört, weil man durch den Lärm die nahen Feiertage zu entheiligen geglaubt hätte.

Im ganzen Hause wurde gewaschen und gescheuert, selbst in die Stube kamen die Mägde mit ihren Wasserkübeln und Strohwischen und Besen hinein. Ich freute mich immer sehr auf dieses Waschen, weil ich es gern hatte, wie alles drunter und drüber gekehrt wurde, und weil die Glasbilder im Tischwinkel, die braune Schwarzwälderuhr mit ihrer Metallschelle und andere Dinge, die ich sonst immer nur von der Höhe zu sehen bekam, herabgenommen und mir näher gebracht wurden, so daß ich alles viel genauer und von verschiedenen Seiten betrachten konnte. Freilich war mir nicht erlaubt, dergleichen Dinge anzurühren, weil ich noch zu ungeschickt und unbesonnen dafür wäre und die Gegenstände leicht beschädigen könnte. Aber es gab doch Augenblicke, in welchen man im eifrigen Waschen und Scheuern nicht auf mich achtete.

In einem solchen Augenblick kletterte ich einmal über den Schemel auf die Bank und von der Bank auf den Tisch, der aus seiner gewöhnlichen Stellung gerückt war und auf dem die Schwarzwälderuhr lag. Ich machte mich an die Uhr, von

der die Gewichte über den Tisch hingen, sah durch ein offenes Seitentürchen in das messingene, sehr bestaubte Räderwerk hinein, tupfte einigemal an die kleinen Blätter des Windrädchens und legte die Finger endlich selbst an das Rädchen, ob es denn nicht gehe; aber es ging nicht. Zuletzt rückte ich auch ein wenig an einem Holzstäbchen, und als ich das tat, begann es im Werk fürchterlich zu rasseln. Einige Räder gingen langsam, andere schneller, und das Windrädchen flog, daß man es kaum sehen konnte. Ich war unbeschreiblich erschrocken, ich kollerte vom Tisch über Bank und Schemel auf den nassen, schmutzigen Boden hinab; da faßte mich schon die Mutter am Röcklein, und die »birkene Liesel« war da. Das Rasseln in der Uhr wollte gar nicht aufhören, und zuletzt nahm mich die Mutter mit beiden Händen und trug mich in das Vorhaus und schob mich durch die Tür hinaus in den Schnee und schlug die Tür hinter mir zu. Ich stand wie vernichtet da, ich hörte von innen noch das Greinen der Mutter, die ich sehr beleidigt haben mußte, und ich hörte das Scheuern und Lachen der Mägde, und ich hörte noch immer das Rasseln der Uhr.
Als ich eine Weile dagestanden und geschluchzt hatte und als gar niemand gekommen war, der mich wieder in das Haus gerufen hätte, ging ich fort nach dem Pfade, der in den Schnee getreten war, und ich ging über den Hausanger und über das Feld dem Walde zu. Ich wußte nicht, wohin ich wollte, ich bildete mir nur ein, daß mir ein großes Unrecht geschehen sei und daß ich nun nicht mehr in das Haus zurückkehren könnte. Aber ich war noch nicht zu dem Walde gekommen, als ich hinter mir ein grelles Pfeifen hörte. Das war das Pfeifen der Ahne, wie sie es machte, wenn sie zwei Finger in den Mund

nahm und die Zunge spitzte und blies. »Wo willst du denn hin, du dummes Kind«, rief sie, »wart, wenn du so im Wald herumlaufen willst, so wird dich schon die Mooswaberl abfangen, wart nur!«

Auf dieses Wort kehrte ich augenblicklich um, denn die Mooswaberl fürchtete ich unsäglich.

Ich ging aber immer noch nicht in das Haus, ich blieb im Hofe stehen, wo der Vater und zwei Knechte gerade ein Schwein aus dem Stall zogen, um es abzustechen. Über das ohrenzerreißende Schreien des Tieres und über das Blut, das ich nun sah und das eine Magd in einem Topf auffing, vergaß ich das Vorgefallene, und als der Vater im Vorhause das Schwein abhäutete, stand ich schon wieder dabei und hielt die Hautzipfel, die er mit einem großen Messer von dem speckigen Fleisch immer mehr und mehr lostrennte. Als später die Eingeweide herausgenommen waren und die Mutter Wasser in das Becken goß, sagte sie zu mir: »Geh weg da, sonst wirst du ganz angespritzt!«

Aus diesen Worten entnahm ich, daß die Mutter mit mir wieder versöhnt sei, und nun war alles gut, und als ich wieder in die Stube kam, um mich ein wenig zu erwärmen, stand da alles an seinem gewöhnlichen Platz. Boden und Wände waren noch feucht, aber rein gescheuert, und die Schwarzwälder Uhr hing wieder an der Wand und tickte. Und sie tickte viel lauter und heller durch die neu hergestellte Stube als früher.

Endlich nahm das Waschen und Scheuern und Glätten ein Ende, im Hause wurde es ruhiger, fast still, und der Heilige Abend war da. Das Mittagsmahl am Heiligen Abend wurde nicht in der Stube eingenommen, sondern in der Küche, wo man das Nudelbrett als Tisch benutzte und sich um dasselbe

herumsetzte und das einfache Fastengericht still, aber mit gehobener Stimmung verzehrte.
Der Tisch in der Stube war mit einem schneeweißen Tuche bedeckt, und vor dem Tische stand mein Schemel, auf welchen sich zum Abend, als die Dämmerung einbrach, die Ahne hinkniete und still betete.
Mägde gingen leise durch das Haus und bereiteten ihre Festtagskleider vor, und die Mutter tat in einen großen Topf Fleischstücke, goß Wasser daran und stellte sie zum Herdfeuer. Ich schlich in der Stube auf den Zehenspitzen herum und hörte nichts als das lustige Prasseln des Feuers in der Küche. Ich blickte auf meine Sonntagshöschen und auf das Jöppel und auf das schwarze Filzhütlein, das schon an einem Nagel der Wand hing, und dann blickte ich durch das Fenster in die hereinbrechende Dunkelheit hinaus. Wenn kein ungestümes Wetter eintrat, so durfte ich in der Nacht mit dem Großknecht in die Kirche gehen. Und das Wetter war ruhig, und es würde auch, wie der Vater sagte, nicht allzu kalt werden, weil auf den Bergen Nebel lag.
Unmittelbar vor dem »Rauchengehen«, in welchem Haus und Hof nach alter Sitte mit Weihwasser und Weihrauch besegnet wird, hatten der Vater und die Mutter einen kleinen Streit. Die Mooswaberl war dagewesen, hatte glückselige Feiertage gewünscht, und die Mutter hatte ihr für den Festtag ein Stück Fleisch geschenkt. Darüber war der Vater etwas ungehalten; er war sonst ein Freund der Armen und gab ihnen nicht selten mehr, als unsere Verhältnisse erlauben wollten, aber der Mooswaberl sollte man seiner Meinung nach kein Almosen reichen. Die Mooswaberl war ein Weib, welches gar nicht in die Gegend gehörte, welches unbefugt in den Wäldern umherstrich,

Moos und Wurzeln sammelte, in halbverfallenen Köhlerhütten Feuer machte und schlief. Daneben zog sie bettelnd zu den Bauernhöfen, wollte Moos verkaufen, und da sie keine Geschäfte machte, weinte sie und verfluchte das Leben. Kinder, die sie ansah, fürchteten sich entsetzlich vor ihr, und viele wurden gar krank; Kühen tat sie an, daß sie rote Milch gaben. Wer ihr eine Wohltat erwies, den verfolgte sie einige Minuten und sagte ihm: »Tausend und tausend Vergelt's Gott bis in den Himmel hinauf.«

Wer sie aber verspottete oder sonst auf irgendeine Art beleidigte, zu dem sagte sie: »Ich bete dich hinab in die unterste Hölle!«

Die Mooswaberl kam oft zu unserem Hause und saß gern vor demselben auf dem grünen Rasen, trotz des heftigen Bellens und Rasselns unseres Kettenhundes, der sich gegen dieses Weib besonders unbändig zeigte. Aber die Mooswaberl saß so lange vor dem Hause, bis die Mutter ihr eine Schale Milch oder ein Stück Brot oder beides hinaustrug. Meine Mutter hatte es gern, wenn das Weib sie durch ein tausendfaches Vergelt's Gott bis in den Himmel hinauf wünschte. Der Vater legte dem Wunsche dieser Person keinen Wert bei, war es ein Segensspruch oder ein Fluch.

Als man draußen im Dorfe vor Jahren das Schulhaus gebaut, war dieses Weib mit dem Manne in die Gegend gekommen und hatte dabei geholfen, bis einst der Mann bei einer Steinsprengung getötet wurde. Seit dieser Zeit arbeitete sie nicht mehr, und sie zog auch nicht fort, sondern trieb sich herum, ohne daß man wußte, was sie tat und was sie wollte. Zum Arbeiten war sie nicht mehr zu bringen; sie schien geisteskrank zu sein.

Der Richter hatte die Mooswaberl schon mehrmals aus der

Gemeinde gewiesen, aber sie war immer wieder zurückgekommen. »Sie würde nicht immer zurückgekommen sein«, sagte mein Vater, »wenn sie in dieser Gegend keinen Erfolg hätte beim Betteln. So wird sie hier verbleiben, und wenn sie alt und krank ist, müssen wir sie auch hegen und pflegen; das ist ein Kreuz, welches wir uns selbst an den Hals gebunden haben.« Die Mutter sagte nichts zu solchen Worten, sondern sie gab der Mooswaberl, wenn sie kam, immer das gewohnte Almosen, und heute noch etwas mehr, zu Ehren des hohen Festes.

Darum also war der kleine Streit zwischen Vater und Mutter, der aber allsogleich verstummte, als zwei Knechte mit dem Rauch- und Weihwassergefäß in das Haus kamen.
Nach dem Rauchen stellte der Vater ein Kerzenlicht auf den Tisch, Späne durften heute nur in der Küche gebrannt werden. Das Nachtmahl wurde schon wieder in der Stube eingenommen. Der Großknecht erzählte während desselben wundersame Geschichten.
Nach dem Abendmahl sang die Mutter ein Hirtenlied. So wonnevoll ich sonst diesen Liedern lauschte, aber heute dachte ich nur immer an den Kirchgang, und ich wollte durchaus schon das Sonntagskleidchen anziehen. Man sagte, es sei noch später Zeit dazu, aber endlich gab die Ahne meinem Drängen doch nach und zog mich an. Der Stallknecht kleidete sich sehr sorgsam in seinen Festtagsstaat, weil er nach dem Mitternachtsgottesdienst nicht nach Hause gehen, sondern im Dorfe den Morgen abwarten wollte. Gegen neun Uhr waren auch die anderen Knechte und Mägde bereit und zündeten am Kerzenlicht eine Spanlunte an. Ich hielt mich an den Großknecht, und meine Eltern und meine Großmutter, welche daheim blieben, um das Haus zu hüten, besprengten mich mit Weihwasser und sagten, daß ich nicht fallen und nicht erfrieren möge.
Dann gingen wir.
Es war sehr finster, und die Lunte, welche der Stallknecht vorantrug, warf ihr rotes Licht in einer großen Scheibe auf den Schnee und auf den Zaun und auf die Steinhaufen und Bäume, an denen wir vorüberkamen. Mir kam dieses rote Leuchten, das zudem noch durch die großen Schatten unserer Körper unterbrochen war, grauenhaft vor, und ich hielt mich sehr ängstlich an den Großknecht, so daß dieser einmal sagte: »Aber

hörst, meine Joppe mußt du mir lassen, was tät' ich denn, wenn du sie mir abrissest?«
Der Pfad war eine Zeitlang sehr schmal, so daß wir hintereinander gehen mußten, wobei ich nur froh war, daß ich nicht der letzte war, denn ich bildete mir ein, daß dieser unendlichen Gefahren wegen der Gespenster ausgesetzt sein müsse.
Eine schneidende Luft ging, und die glimmenden Splitter der Lunte flogen weithin, und selbst als sie auf die harte Schneekruste niederfielen, glimmten sie noch eine Weile fort.
Wir waren bisher über Blößen und durch Gesträuche und Wälder abwärts gegangen; jetzt kamen wir zu einem Bache, den ich sehr gut kannte, er floß durch die Wiese, auf welcher wir im Sommer das Heu machten. Im Sommer rauschte dieser Bach sehr, aber heute hörte man ihn nur murmeln und gurgeln, weil er überfroren war. Auch an einer Mühle kamen wir vorüber, an welcher ich gar heftig erschrak, weil einige Funken auf das Dach flogen; aber auf dem Dache lag Schnee, und die Funken erloschen. Als wir eine Weile durch das Tal gegangen waren, verließen wir den Bach, und der Weg führte aufwärts durch einen finsteren Wald, in welchem der Schnee sehr leicht lag, aber auch keine so feste Kruste hatte als auf den Blößen.
Endlich kamen wir zu einer breiten Straße, wo wir nebeneinander gehen konnten und wo wir dann und wann ein Schlittengeschelle hörten. Dem Stallknecht war die Lunte bereits bis zu der Hand herabgebrannt, und er zündete nun eine neue an, die er vorrätig hatte. Auf der Straße sah man auch mehrere andere Lichter, große rote Fackeln, die heranloderten, als schwämmen sie in der schwarzen Luft, und hinter denen nach und nach ein Gesicht und mehrere Gesichter auftauchten, von Kirchgängern, die sich nun auch zu uns gesellten. Und wir

sahen Lichter von anderen Bergen und Höhen, die noch so weit entfernt waren, daß wir nicht erkennen konnten, ob sie standen oder sich bewegten.

So gingen wir weiter. Der Schnee knirschte unter unseren Füßen, und wo ihn der Wind weggetragen hatte, da war der schwarze Fleck des nackten Bodens so hart, daß unsere Schuhe an ihm klangen. Die Leute sprachen und lachten viel, aber mir war, als sei das in der heiligen Christnacht gar nicht recht; ich dachte nur immer schon an die Kirche und wie das doch sein werde, wenn mitten in der Nacht Musik und ein Hochamt ist.

Als wir eine lange Weile auf der Straße fortgegangen und an einzelnen Bäumen und an Läufern vorüber und dann wieder über Felder und durch einen Wald gekommen waren, hörte ich auf den Baumwipfeln plötzlich ein leises Klingen. Als ich horchen wollte, hörte ich es nicht, aber bald darauf hörte ich es wieder und deutlicher als das erstemal. Es war der Ton des kleinen Glöckleins vom Turme der Kirche. Die Lichter, die wir nun auf den Bergen und im Tale sahen, wurden immer häufiger, und nun merkten wir es auch, daß sie alle der Kirche zueilten. Auch die kleinen, ruhigen Sterne der Laternen schwebten heran, und auf der Straße wurde es immer lebhafter. Das kleine Glöcklein wurde durch ein größeres abgelöst, und das läutete so lange, bis wir fast nahe zur Kirche kamen. – Also war es doch wahr, wie die Ahne gesagt hatte: Um Mitternacht fangen die Glocken zu läuten an und läuten so lange, bis aus den fernen Tälern der letzte Bewohner der Hütten zur Kirche kommt.

Die Kirche steht auf einem mit Birken und Tannen bewachsenen Hügel, und um sie liegt der kleine Friedhof, welcher mit einer niederen Mauer umgeben ist. Die wenigen Häuser stehen im Tale.

Als die Leute an die Kirche gekommen waren, steckten sie ihre Lunten umgekehrt in den Schnee, daß sie erloschen, nur eine wurde zwischen zwei Steine der Friedhofsmauer geklemmt und brennen gelassen.

Jetzt klang auf dem Turme in langsamem, gleichmäßigem Wiegen schon die große Glocke. Aus den schmalen, hohen Kirchenfenstern fiel heller Schein. Ich wollte in die Kirche, aber der Großknecht sagte, es habe noch Zeit, und blieb stehen und sprach und lachte mit anderen Burschen und stopfte seine Pfeife.

Endlich klangen alle Glocken zusammen, in der Kirche begann die Orgel zu tönen, und nun gingen wir hinein.

Das sah ganz anders aus wie an den Sonntagen. Die Lichter, die auf dem Altare brannten, waren hellweiße, funkelnde Sterne, und der vergoldete Tabernakel strahlte gar herrlich zurück. Die Ampel des Ewigen Lichtes war rot. Der obere Raum der Kirche war so dunkel, daß man die schönen Verzierungen des Schiffes nicht sehen konnte. Die dunklen Gestalten der Menschen saßen in den Stühlen oder standen neben denselben; die Frauen waren sehr in Tücher eingeschlagen und husteten. Viele hatten Kerzen vor sich brennen und sangen aus ihren Büchern mit, als auf dem Chore das Tedeum ertönte. Der Großknecht führte mich durch die zwei Reihen der Stühle gegen einen Nebenaltar, wo schon mehrere Leute standen. Dort hob er mich auf einen Schemel zu einem Glaskasten empor, der, von zwei Kerzen beleuchtet, zwischen zwei aufgesteckten Tannenwipfeln stand und den ich früher, wenn ich mit den Eltern in die Kirche kam, nie gesehen hatte. Als mich der Großknecht auf den Schemel gehoben hatte, sagte er mir leise ins Ohr: »So, jetzt kannst das Krippel anschauen.« Dann ließ er mich stehen,

und ich schaute durch das Glas. Da kam ein Weiblein zu mir herbei und sagte leise: »Ja, Kind, wenn du das anschauen willst, so muß dir's auch jemand auslegen.« Und sie erklärte mir die kleinen Gestalten.
Ich sah die Dinge an. Außer der Mutter Maria, welche über den Kopf ein blaues Tuch geschlagen hatte, das bis zu den Füßen hinabging, waren alle Gestalten, welche Menschen vorstellen sollten, so gekleidet wie unsere Knechte oder wie ältere Bauern. Der heilige Joseph selbst trug grüne Strümpfe und eine kurze Gemslederhose.
Als das Tedeum zu Ende war, kam der Großknecht wieder, hob mich von dem Schemel, und wir setzten uns in einen Stuhl. Dann ging der Kirchenmann herum und zündete alle Kerzen an, die in der Kirche waren, und jeder Mensch, auch der Großknecht, zog nun ein Kerzlein aus dem Sack und zündete es an und klebte es vor sich auf das Pult. Jetzt war es so hell in der Kirche, daß man auch die Verzierungen an der Decke genau sehen konnte.
Auf dem Chore stimmte man Geigen und Trompeten und Pauken, und als an der Sakristeitür das Glöcklein klang und der Pfarrer in funkelndem Meßkleide, begleitet von Ministranten und rotbemäntelten Windlichtträgern, über den purpurroten Fußteppich zum Altare ging, da rauschte die Orgel in ihrem ganzen Vollklang, da wirbelten die Pauken und schmetterten die Trompeten.
Weihrauch stieg auf und hüllte den ganzen lichterstrahlenden Hochaltar in einen Schleier. – So begann das Hochamt, und so strahlte und tönte und klang es um Mitternacht. Beim Offertorium waren alle Instrumente still, nur zwei helle Stimmen sangen ein liebliches Hirtenlied, und während des Benedictus

ließen eine Klarinette und zwei Flügelhörner langsam und leise den Wiegengesang erklingen. Während des Evangeliums und der Wandlung hörte man auf dem Chore den Kuckuck und die Nachtigall wie mitten im sonnigen Frühling.
Tief nahm ich sie auf in meine Seele, die wunderbare Herrlichkeit der Christnacht, aber ich jauchzte nicht auf vor Entzükken, ich blieb ernst, ruhig, ich fühlte die Weihe.
Aber während die Musik tönte, dachte ich an Vater und Mutter und Großmutter daheim. Die knien jetzt um den Tisch bei dem einzigen Kerzenlichtlein und beten, oder sie schlafen gar, und es ist finster in der Stube, und nur die Uhr geht, sonst ist es still, und es liegt eine tiefe Ruhe über den waldigen Bergen, und die Christnacht ist ausgebreitet über die ganze Welt.
Als endlich das Amt seinem Ende nahte, erloschen nach und nach die Kerzlein in den Stühlen, und der Kirchenmann ging wieder herum und löschte mit seinem Blechkäppchen an den Wänden und Bildern und Altären die Lichter aus. Die am Hochaltare brannten noch, als auf dem Chore der letzte freudenreiche Festmarsch erscholl und sich die Leute aus der weihrauchduftenden Kirche drängten.
Als wir in das Freie kamen, war es trotz des dichten Nebels, der sich von den Bergen niedergesenkt hatte, nicht mehr ganz so finster wie vor Mitternacht. Es mußte der Mond aufgegangen sein; man zündete keine Fackeln mehr an. Es schlug ein Uhr, aber der Schulmeister läutete schon die Betglocke zum Christmorgen.
Ich warf noch einen Blick auf die Kirchenfenster; aller Festglanz war erloschen, ich sah nur mehr den matten, rötlichen Schimmer des Ewigen Lichtes.
Als ich mich dann wieder an den Rock des Großknechtes

halten wollte, war dieser nicht mehr da, einige fremde Leute waren um mich, die miteinander sprachen und sich sofort auf den Heimweg machten. Mein Begleiter mußte schon voraus sein; ich eilte ihm nach, lief schnell und an mehreren Leuten vorüber, auf daß ich ihn bald einhole. Ich lief, sosehr es meine kleinen Füße konnten, ich kam durch den finstern Wald, und ich kam über Felder, über welche scharfer Wind blies, so daß ich, so warm mir sonst war, von Nase und Ohren fast nichts mehr fühlte. Ich kam an Häusern und Baumgruppen vorüber, die Leute, die früher noch auf der Straße gegangen waren, verloren sich nach und nach, und ich war allein, und den Großknecht hatte ich noch immer nicht erreicht. Ich dachte, daß er auch hinter mir sein könne, ich beschloß, geradewegs nach Hause zu eilen. Auf der Straße lagen hie und da schwarze Punkte, die Kohlen der Spanfackeln, welche die Leute auf dem Kirchwege abgeschüttelt. Die Gesträuche und Bäumchen, die neben am Wege standen und unheimlich aus dem Nebel emportauchten, beschloß ich gar nicht anzusehen, ich fürchtete mich davor. Besonders in Angst war ich, sooft ein Pfad quer über die Straße ging, weil das ein Kreuzweg war, an dem in der Christnacht gern der Böse steht und klingende Schätze bei sich hat, um arme Menschenkinder dadurch mit sich zu locken. Der Stallknecht hatte zwar gesagt, er glaube nicht daran, aber geben mußte es denn doch dergleichen Dinge, sonst könnten die Leute nicht soviel davon sprechen. – Ich war aufgeregt, ich wendete meine Augen nach allen Seiten, ob nicht irgendwo ein Gespenst auf mich zukomme. Endlich nahm ich mir vor, gar nicht mehr an solches Zeug zu denken, aber je fester ich das beschloß, desto mehr dachte ich daran.

Nun war ich zum Pfad gekommen, der mich von der Straße

abwärts durch den Wald und in das Tal führen sollte. Ich bog ab und eilte unter den langästigen Bäumen dahin. Die Wipfel rauschten stark, und dann und wann fiel ein Schneeklumpen neben mir nieder. Stellenweise war es auch so finster, daß ich kaum die Stämme sah, wenn ich nicht an dieselben stieß, und daß ich den Pfad verlor. Letzteres war mir ziemlich gleichgültig, denn der Schnee war nicht sehr tief, auch war anfangs der Boden hübsch glatt; aber allmählich begann er steil und steiler zu werden, und unter dem Schnee war viel Gestrüpp und hohes Heidekraut. Die Baumstämme standen nicht mehr so regelmäßig, sondern zerstreut, manche schief hängend, manche mit aufgerissenen Wurzeln an anderen lehnend, manche mit wild und wirr aufragenden Ästen am Boden liegend. Das hatte ich nicht gesehen, als wir aufwärts gingen. Ich konnte oft kaum weiter, ich mußte mich durch das Gesträuche und Geäste durchwinden. Oft brach der Schnee ein, das steife Heidekraut reichte mir bis zur Brust heran. Ich sah ein, daß ich den rechten Weg verloren hatte, aber war ich nur erst im Tale und bei dem Bache, dann ging ich diesem entlang aufwärts, und da mußte ich endlich doch zur Mühle und zu unserer Wiese kommen.
Schneeklumpen fielen mir in das Rocktäschchen, Schnee legte sich an die Höschen und Strümpfe, und das Wasser rann mir in die Schuhe hinab. Zuerst war ich durch das Klettern über das Gefälle und das Kriechen in dem Gesträuche müde geworden, aber nun war auch die Müdigkeit verschwunden; ich achtete nicht den Schnee, und ich achtete nicht das Heidekraut und Gesträuche, das mir oft rauh über das Gesicht fuhr, sondern ich eilte weiter. Oft fiel ich zu Boden, aber ich raffte mich schnell auf. Auch alle Gespensterfurcht war weg; ich dachte an nichts als an das Tal und an unser Haus. Ich wußte nicht, wie

lange ich mich so durch die Wildnis schlug, aber ich fühlte mich kräftig und behende, die Angst trieb mich vorwärts.
Plötzlich stand ich vor einem Abgrund. In dem Abgrunde lag grauer Nebel, aus welchem einzelne Baumwipfel emportauchten. Um mich hatte sich der Wald gelichtet, über mir war es heiter, und am Himmel stand der Halbmond. Mir gegenüber und weiter im Hintergrunde waren nichts als seltsame, kegelförmige, waldige Berge.
Unten in der Tiefe mußte das Tal mit der Mühle sein; mir war, als hörte ich das Tosen des Baches, aber es war das Rauschen des Windes in den jenseitigen Wäldern. Ich ging rechts und links und suchte einen Fußsteig, der mich abwärts führte, und

ich fand eine Stelle, an welcher ich mich durch Gerölle, welches vom Schnee befreit dalag, und durch Wacholdergesträuche hinablassen zu können vermeinte. Das gelang mir auch eine Strecke, doch noch zur rechten Zeit hielt ich mich an eine Wurzel, fast wäre ich über eine senkrechte Wand gestürzt. Nun konnte ich nicht mehr vorwärts. Ich ließ mich aus Mattigkeit zu Boden fallen. In der Tiefe lag der Nebel mit den schwarzen Baumwipfeln. Außer dem Rauschen des Windes in den Wäldern hörte ich nichts. Ich wußte nicht, wo ich war. – Wenn jetzt ein Reh käme, ich würde es fragen nach dem Weg, vielleicht könnte es ihn mir weisen, in der Christnacht reden ja Tiere die menschliche Sprache! –

Ich erhob mich, um wieder aufwärts zu klettern; ich machte das Gerölle locker und kam nicht vorwärts. Mich schmerzten Hände und Füße. Dann stand ich still und rief, so laut ich konnte, nach dem Großknecht. Meine Stimme fiel von den Wäldern und Wänden langgezogen und undeutlich zurück.

Dann hörte ich wieder nichts als das Rauschen des Windes.

Der Frost schnitt mir in die Glieder.

Nochmals rief ich mit aller Macht den Namen des Großknechtes. Wieder nichts als der langgezogene Widerhall. Nun überkam mich eine fürchterliche Angst. Ich rief schnell hintereinander meine Eltern, meine Ahne, alle Knechte und Mägde unseres Hauses. Es war vergebens.

Nun begann ich, kläglich zu weinen.

Bebend stand ich da, und mein Körper warf einen langen Schatten schräg abwärts über das nackte Gestein. Ich ging an der Wand hin und her, um mich etwas zu erwärmen, ich betete laut zum heiligen Christkind, daß es mich erlöse.

Der Mond stand hoch am dunklen Himmel.

Ich konnte nicht mehr weinen und beten, ich konnte mich auch kaum mehr bewegen, ich kauerte mich zitternd an einen Stein und dachte: Nun will ich schlafen, das ist alles nur ein Traum, und wenn ich erwache, bin ich daheim oder im Himmel.
Da hörte ich plötzlich ein Knistern über mir im Wacholdergesträuche, und bald darauf fühlte ich, wie mich etwas berührte und emporhob. Ich wollte schreien, aber ich konnte nicht, die Stimme war wie eingefroren. Aus Furcht und Angst hielt ich die Augen fest geschlossen. Auch Hände und Füße waren mir wie gelähmt, ich konnte sie nicht bewegen. Mir war warm, und mir kam es vor, als ob sich das ganze Gebirge mit mir wiegte. –

Als ich zu mir kam und erwachte, war noch Nacht, aber ich stand an der Tür meines Vaterhauses, und der Kettenhund bellte heftig. Eine Gestalt hatte mich auf den festgetretenen Schnee gleiten lassen, pochte dann mit dem Ellbogen gewaltig an die Tür und eilte davon. Ich hatte diese Gestalt erkannt – es war die Mooswaberl gewesen.
Die Tür ging auf, und die Ahne stürzte mit den Worten auf mich: »Jesus Christus, da ist er ja!«
Sie trug mich in die warme Stube, aber von dieser schnell wieder zurück in das Vorhaus; dort setzte sie mich auf einen Trog, eilte dann hinaus vor die Tür und machte durchdringliche Pfiffe.
Sie war ganz allein zu Hause. Als der Großknecht von der Kirche zurückgekommen war und mich daheim nicht gefunden hatte und als auch die anderen Leute kamen und ich bei keinem war, gingen sie alle hinab in den Wald und in das Tal und jenseits hinauf zur Straße und nach allen Richtungen.

Selbst die Mutter war mitgegangen und hatte überall, wo sie ging und stand, meinen Namen gerufen. –
Nachdem die Ahne glaubte, daß es mir nicht mehr schädlich sein konnte, trug sie mich wieder in die warme Stube, und als sie mir die Schuhe und Strümpfe auszog, waren diese ganz zusammen- und fast an die Füße gefroren. Hierauf eilte sie noch mal ins Freie und machte wieder ein paar Pfiffe und brachte dann in einem Kübel Schnee herein und stellte mich mit bloßen Füßen in diesen Schnee. Als ich in dem Schnee stand, fühlte ich in den Zehen einen so heftigen Schmerz, daß ich stöhnte, aber die Ahne sagte: »Das ist schon gut, wenn du Schmerz hast, dann sind dir die Füße nicht erfroren.«
Bald darauf strahlte die Morgenröte durch das Fenster, und nun kamen nach und nach die Leute nach Hause, zuletzt aber der Vater, und zu allerletzt, als schon die rote Sonnenscheibe über der Wechselalpe aufging und als die Ahne unzählige Male gepfiffen hatte, kam die Mutter. Sie ging an mein Bettlein, in welches ich gebracht worden war und an welchem der Vater saß. Sie war ganz heiser.
Sie sagte, daß ich nun schlafen solle, und verdeckte das Fenster mit einem Tuche, auf daß mir die Sonne nicht in das Gesicht scheine. Aber der Vater meinte, ich solle noch nicht schlafen, er wolle wissen, wie ich mich von dem Knechte entfernt, ohne daß er es merkte, und wo ich herumgelaufen sei. Ich erzählte sofort, wie ich den Pfad verloren hatte, wie ich in die Wildnis kam, und als ich von dem Monde und von den schwarzen Wäldern und von dem Windrauschen und von dem Felsenabgrund erzählte, da sagte der Vater halblaut zu meiner Mutter: »Weib, sagen wir Gott Lob und Dank, daß er da ist, er ist auf der Trollwand gewesen!«

Nach diesen Worten gab mir die Mutter einen Kuß auf die Wangen, wie sie nur selten tat, und dann hielt sie ihre Schürze vor das Gesicht und ging davon.

»Ja, du Donnersbub, und wie bist denn heimgekommen?« fragte mich der Vater. Darauf sagte ich, daß ich das nicht wisse, daß ich nach langem Schlafen und Wiegen auf einmal vor der Haustür gewesen und daß die Mooswaberl neben mir gestanden. Der Vater fragte mich noch einmal über diesen Umstand, aber ich antwortete, daß ich nichts Genaueres darüber sagen könne.

Nun sagte der Vater, daß er in die Kirche zum Hochgottesdienst gehe, weil heute der Christtag sei, und daß ich schlafen solle.

Ich mußte darauf viele Stunden geschlafen haben, denn als ich erwachte, war draußen Dämmerung, und in der Stube war es fast finster. Neben meinem Bett saß die Ahne und nickte, von der Küche herein hörte ich das Prasseln des Herdfeuers.

Später, als die Leute beim Abendessen saßen, war auch die Mooswaberl am Tisch.

Auf dem Kirchhofe, über dem Grabhügel ihres Mannes, war sie während des Vormittagsgottesdienstes gekauert, da trat nach dem Hochamte mein Vater zu ihr hin und nahm sie mit in unser Haus.

Über die nächtliche Begebenheit brachte man nicht mehr von ihr heraus, als daß sie im Walde das Christkind gesucht habe; dann ging sie einmal zu meinem Bette und sah mich an, und ich fürchtete mich vor ihren Blicken. –

In dem hinteren Geschosse unseres Hauses war eine Kammer, in welcher nur altes, unbrauchbares Gerät und viel Spinnengewebe waren.

Diese Kammer gab mein Vater der Mooswaberl zur Wohnung und stellte ihr einen Ofen und ein Bett und einen Tisch hinein. Und sie blieb bei uns. Oft strich sie noch in den Wäldern umher und brachte Moos heim, dann ging sie wieder hinaus zur Kirche und saß stundenlang auf dem Grabhügel ihres Mannes, von dem sie nicht mehr fortzuziehen vermochte in ihre ferne Gegend, in der sie wohl auch einsam und heimatlos gewesen wäre wie überall. Über ihre Verhältnisse war nichts Näheres zu erfahren, wir vermuteten, daß das Weib einst glücklich und sicher bei voller Vernunft gewesen war und daß der Schmerz über den Verlust des Gatten ihr den Verstand geraubt hatte.
Wir hatten sie alle lieb, weil sie ruhig und mit allem zufrieden lebte und niemandem das geringste Leid zufügte. Nur der Kettenhund bellte und zerrte immer noch überaus heftig an der Kette, sooft sie über den Anger ging. Aber das war anders von dem Tiere gemeint; als einmal die Kette riß, stürzte der Hund auf das Weib zu, sprang ihm winselnd an die Brust und leckte ihm die Wangen.
Da kam einmal in den Spätherbsttagen, an welchen die Mooswaberl fast ununterbrochen auf dem Grabhügel saß, eine Zeit, in welcher unser Kettenhund, statt lustig zu bellen, stundenlang heulte, so daß meine Ahne, die indes schon mühselig geworden war, sagte: »Schau, jetzt wird in unserer Gegend herum bald einmal wer sterben, weil der Hund gar so heult; tröste ihn Gott!«
Und nach kurzer Zeit wurde die Mooswaberl krank, und als die Winterszeit gekommen war, starb sie.
In ihren letzten Augenblicken hielt sie noch meinen Vater und meine Mutter an der Hand und sprach die Worte: »Vergelt's euch Gott zu tausend. Und zu tausendmal, bis in den Himmel hinauf!«

Weihnachten

Der erste Christbaum in der Waldheimat

Bist doch noch kommen! Wir haben schon g'meint, 's Wetter! Der Nickerl hat schon g'röhrt, hat 'glaubt, du kunntst im Schnee sein steckenblieben. Na, weil d' nur da bist. Was magst denn gleich? Ein' Eierspeis'? Ein' Kaffee? Weihnachts-Guglhupf han ich auch schon.«

Kennt ihr sie? Kennt ihr sie nicht? Das ist ja die Stimme der Mutter!

Es waren die ersten Weihnachtsferien meiner Studentenzeit. Wochenlang hatte ich schon die Tage, endlich die Stunden gezählt bis zum Morgen der Heimfahrt von Graz ins Alpel. Und als der Tag kam, da stürmte es, und die Flocken stoben, daß mein Eisenbahnzug steckenblieb ein paar Stationen vor Krieglach. Da stieg ich aus und ging zu Fuß, frisch und lustig, sechs Stunden lang durch das Tal, wo der Frost mir Nase und Ohren abschnitt, daß ich sie gar nicht mehr spürte; und durch den Bergwald hinauf, wo mir so warm wurde, daß die Ohren auf einmal wieder da waren, und heißer, als je im Sommer. Die Nase vergaß ich, doch stak sie sicher fest im Gesicht, wo sie heute noch steckt. Auch mein Bündel Bücher schleppte ich, denn die Professoren waren so grausam gewesen, mir Haus-

aufgaben zu diktieren, besonders in der Mathematik und Grammatik, die ich heute noch hassen könnte bis aufs Blut, wenn es nicht gar so blutlose Wissenschaften wären.
So kam ich, als es schon dämmerte, glücklich hinauf, wo das alte Haus, schimmernd durch Gestöber und Nebel, wie ein verschwommener Fleck stand, einsam mitten in der Schneewüste. Als ich eintrat, wie war die Stube so klein und niedrig und dunkel und warm – und anheimelnd. In den Stadthäusern verliert man ja allen Maßstab für das Waldbauernhaus. Aber man findet sich gleich wieder hinein, wenn die Mutter den Ankömmling ohne alle Umstände so grüßt. »Na, weil d' nur da bist!«
Auf dem offenen Steinherd prasselte das Feuer, in der guten Stube wurde eine Kerze angezündet.
»Mutter, nit!« wehrte ich ab. »Tut lieber das Spanlicht anzünden, das ist schöner!«
Sie tat's aber nicht. Das Kienspanlicht ist für die Werktage. Weil nach langer Abwesenheit der Sohn heimkam, war für die Mutter Feiertag geworden. Darum die festlichere Kerze.
Und für mich erst recht Feiertag!
Als sich die Augen an das Halblicht gewöhnt hatten, sah ich auch den Nickerl, das achtjährige Brüderlein. Es war das jüngste und letzte. Es stand in seinem Höslein gerade wie ein Bäumchen da und hatte natürlich den Finger im Mund. Seine schwarzen Augen waren weit offen und ganz rund, so verwundert schaute er mich an. Der, um den er schon »g'röhrt« hatte, war jetzt da, und die Vertraulichkeit stellte sich allmählich ein. Selbst als ich ihn zum Kaffee einlud, war es noch nicht so weit, daß er den Finger für ein Stück Guglhupf vertauschen wollte.
»Ausschaun tust gut!« lobte die Mutter meine vom Gestöber geröteten Wangen. Sie hatte ihr Gesicht, das nicht gut und nicht

schlecht ausschaute – das alte, süße, kummervolle und doch frohgemute Mutterantlitz. Ich schaute dieses Gesicht nie lange an, immer nur verstohlen – es war immer eine Verschämtheit da, bei ihr auch so, wie bei zwei heimlichen Liebsten. Zärtlich bin ich mit ihr nie gewesen, wohl auch nie grob – und diesmal bei der Heimkehr haben wir uns nur die Hände gegeben. Aber wohl war mir! Wohl zum Jauchzen und Weinen. Ich tat keines, ich blieb ganz ruhig und redete gleichgültige Dinge.
Der kleine Nickerl sah blaß aus. »Du hast ja die Stadtfarb', statt meiner!« sagte ich und habe gelacht.
Die Sache war so. Der Kleine tat husten, den halben Winter schon. Und da war eine alte Hausmagd, die sagte es – ich wußte das schon von früher – täglich wenigstens dreimal, daß für ein »hustendes Leut'« nichts schlechter sei als »der kalte Luft«. Sie verbot es, daß der Kleine hinaus vor die Tür ging, sie hielt immer die Fenster geschlossen, ja auch die Tür durfte nur so weit und so kurz aufgehen, wie eben noch ein Mensch rasch aus oder ein schlüpfen kann. Die Eltern wußten es der Alten Dank, daß sie so gewissenhaft für den Kleinen mitsorgen half. So kam der Knabe nie ins Freie und kriegte auch in der Stube keine gute Luft zu schnappen. Ich glaube, deshalb war er so blaß und nicht des Hustens halber. Gehustet hatte auch ich als Knabe, aber damals gab's noch diese alte Magd nicht, und ich trieb mich mit meinen Geschwistern in der freien Weite um, wälzte Schneeballen, rodelte über Berghänge, rutschte auf dem Eis die Hosen durchsichtig, so lange, bis der Husten wieder gut war. Aber der arme Nickerl hatte keinen gleichgesinnten Kameraden mehr, er war unter Großen das einzige Kind, der Kleine halt, im Hause und fügte sich hilflos den Gesetzen. Ich nützte die wenigen Ferientage gewissenhaft, um ihn der le-

bensgefährlichen Fürsorge der Hausmagd abspenstig zu machen. Ich lockte ihn aus dem Hause, verleitete ihn zum Schneeballwerfen, zum Schneemannbauen, wobei er warme Hände und rote Wangen bekam. Und am Abend hustete er noch mehr. Mich schützte meine Stadtherrenwürde zwar vor dem Schlimmsten, aber das konnte die Alte nicht bei sich behalten, daß ich lieber in meinem Steinhaufen hätte bleiben sollen als da herkommen, um Kinder zu verderben. Wir setzten munter unsere Winterfreuden fort, und noch eh' ich in die Stadt zurückkehrte, war beim kleinen Brüderl der Husten vergangen. Doch ich laufe der eilenden Zeit voraus. Und will mich doch beim lieben Christfest aufhalten.

In der demselben vorhergehenden Nacht schlief ich wenig – etwas Seltenes in jenen Jahren. Die Mutter hatte mir auf dem Herde ein Bett gemacht mit der Weisung, die Beine nicht zu weit auszustrecken, sonst kämen sie in die Feuergrube, wo die Kohlen glimmten. Die glimmenden Kohlen waren gemütlich, das knisterte in der stillfinsteren Nacht so hübsch und warf manchmal einen leichten Glutschein an die Wand, wo in einem Gestell die buntbemalten Schüsseln lehnten. Aber die Schabenkäfer, die nächtig aus den Mauerlöchern hervorkrochen und bisweilen einmal Ausflüge über die Glieder und das Gesicht eines Studenten machten! Indes gewöhnt sich ein gesunder Junge auch an die Schabenkäfer, zumal wenn er sich noch über etwas anderes schlüssig werden mußte in dieser Nacht, ehe die Mutter an den Herd trat, um die Morgensuppe zu kochen. Ich hatte viel sprechen gehört davon, wie man in den Städten Weihnacht' feiert. Da sollen sie ein Fichtenbäumchen, ein wirkliches Bäumchen aus dem Walde auf den Tisch stellen, an seinen Zweigen Kerzlein befestigen, sie anzünden, darunter

sogar Geschenke für die Kinder hinlegen und sagen, das Christkind hätte es gebracht. Auch abgebildet hatte ich solche Christbäume schon gesehen. Und nun hatte ich vor, meinem kleinen Bruder, dem Nickerl, einen Christbaum zu errichten. Aber alles im geheimen, das gehört dazu. Nachdem es hell genug geworden war, ging ich in den frostigen Nebel hinaus, und just dieser Nebel schützte mich vor den Blicken der ums Haus herum arbeitenden Leute, als ich vom Walde her mit einem Fichtenwipfelchen gegen die Wagenhütte lief, dort das Bäumlein in ein Scheit bohrte und unter dem Karren- und Räderwerk versteckte. Dann ging ich nach Kathrein zum Krämer, um Äpfel zu kaufen. Der hatte aber keine, sie waren im selben Jahre zu Pöllau und Hartberg nicht geraten, und so war kein Obstträger in die Gebirgsgegend gekommen.

Nun fragte ich den Krämer, ob er vielleicht Nüsse habe.

»Nüsse!« sagte er. »Zum Anschauen oder zum Aufschlagen? Ich habe ihrer noch ein Sackel, vom vorigen Jahr. Aber die sind nur zum Anschauen. Schlag sie auf, so hast einen schwarzen oder verdorrten Kern, der nit zum Essen ist.«

Die Nüsse ließ ich ihm. Das wollte ich dem Brüderl nicht antun: eine schöne Schale und kein Kern. Solche Sachen darf man ihm nicht angewöhnen.

Was sollte ich nun kaufen? Er hatte ja allerhand schöne Sachen, der Krämer. Rote Sacktüchlein, Hosenträger, Handspiegel, Tabakspfeifen, sogar Mundharmoniken. Doch abgesehen davon, daß der angehende Pädagoge manches nicht passend fand, hatte ich mit meinem Geldvorrat zu rechnen, der mich ja auch wieder nach Graz bringen sollte.

»So wär' ich halt umsonst gegangen«, sagte ich.

Darauf der Krämer: »Damit du nicht umsonst gegangen bist – wenn man noch du sagen darf zum Herrn Studenten –, so trink da ein Stamperl Roten.« Damit goß er mir aus der Flasche süßen roten Schnaps in ein Gläschen.

Als ich den getrunken hatte, war mir der Mut gestiegen und die Geldsorge gesunken. Aber nicht beim Krämer wurde eingekauft, deswegen war der Rote auch nicht gespendet vom alten braven Haselgraber. Ich ging über das Brückerl zum Bäcker hinüber und kaufte einen Vierkreuzerwecken, den ich fürsorglich in die Brusttasche steckte, so daß der Fuhrmann Blasel, der mir nachher begegnete, lachend auf mich herrief: »Schau, der Waldbauern-Peter hat ja eine Hühnerbrust bekemma!«, denn die Vierkreuzerwecken in Kathrein waren damals nicht danach, daß sie unter dem zugeknöpften Rock verborgen bleiben konnten.

Ich kam nach Hause, und nun war für den Christbaum alles beisammen. Aber kaum mir darob behaglich ward, fiel mir ein, daß gerade noch etwas sehr Wichtiges fehlte: die Kerzen. Ich hatte die kleinen Wachskerzen vergessen; wo nehme ich sie her?

Ich nahm sie einfach her.

In einem Bauernhof ist für alles Rat, nur gehört zur Herbeischaffung manchmal eine Notlüge dazu. Zur Mutter ging ich und bat, ob sie mir nicht ihren roten Mariazeller Wachsstock leihen wollte. Sie fragte, wozu. Na, dann tat ich's halt. Ich ginge in der Nacht zur Christmette, wo in der Kirche alle Leute ihre Lichter hätten, so möchte ich auch eins haben. Sie langte nur in ihren Gewandkasten, da hatte ich den Wachsstock.

Dann ward es Abend. Die Gesindleute waren noch in den Ställen beschäftigt oder in den Kammern, wo sie sich nach der Sitte des Heiligen Abends die Köpfe wuschen und ihr Festgewand herrichteten. Die Mutter in der Küche buk die Christtagskrapfen, und der Vater mit dem kleinen Nickerl segnete den Hof. Hatte nämlich der Vater in einem Gefäß glühende Kohlen, hatte auf dieselben Weihrauch gestreut und ging damit durch alle Räume des Hofes, durch die Stallungen, Scheunen und Vorratskammern, in alle Stuben und Kammern des Hauses endlich, um sie zu beräuchern und dabei schweigend zu beten. Das *schweigende* Beten, sagte die Mutter gern, sei wirksamer

als das laute. Ja freilich, weil es ein Gebet des Gedankens, des Gefühles ist. Nun, und den Vater begleitete der Nickerl mit einem Gefäß Weihwasser. Es sollten böse Geister vertrieben und gute ins Haus gesegnet werden.
Wenige Jahre vorher hatte ich dem Vater bei diesem priesterlichen Amte noch geholfen, nun tat es schon das Brüderl, und gewiß auch mit jener ehrfürchtigen Andacht, die den Geheimnissen dieser Nacht gebührt.
Dieweilen also die Leute alle draußen zu tun hatten, bereitete ich in der großen Stube den Christbaum. Das Bäumchen, das im Scheite stak, stellte ich auf den Tisch. Dann schnitt ich vom Wachsstock zehn oder zwölf Kerzchen und klebte sie an die Ästlein. Das plagte ein wenig, denn etliche wollten nicht kleben und fielen herab. Ich hätte sehr gern Geduld gehabt, um alles ordentlich zu machen, aber jeden Augenblick konnte die Tür aufgehen und vorzeitig wer hereinkommen. Gerade diese zitternde Hast, mit der sie behandelt wurden, benützten die Kerzchen, um mich ein wenig zu necken. Endlich aber wurden sie fromm, wie es sich für Christbaumkerzen geziemt, und hielten fest. Es war gut. Unterhalb, am Fuße des Bäumchens, legte ich den Wecken hin.
Da hörte ich über der Stube auf dem Dachboden auch schon Tritte – langsame und trippelnde. Sie waren schon da und segneten den Bodenraum. Bald würden sie in der Stube sein. Ich zündete die Kerzen an und versteckte mich hinter den Ofen. Noch war es still. Ich betrachtete vom Versteck aus das lichte Wunder, wie in dieser Stube nie ein ähnliches gesehen worden. Die Lichtlein auf dem Baum brannten so still und feierlich – als schwiegen sie mir himmlische Geheimnisse zu. Aber da fiel es mir ein – wenn sie niederbrannten, bevor die

Leute kommen! Wie konnte ich's denn hindern? Wie sollte ich sie denn zusammenrufen? Da konnte ja alles ganz dumm mißlingen! Es ist gar nicht so leicht, Christkindl zu sein, als man glaubt.

Endlich hörte ich an der Schwelle des Vaters Schuhe. Die Tür ging auf, sie traten herein mit ihren Weihgefäßen und standen still.

»Was ist denn das?!« fragte der Vater mit leiser, langgezogener Stimme. Der Kleine starrte sprachlos drein. In seinen großen runden Augen spiegelten sich wie Sternlein die Christbaumlichter. – Der Vater schritt langsam zur Küchentür und flüster-

te hinaus: »Mutter! – Mutter! Komm ein wenig herein.« Und als sie da war: »Mutter, hast *du* das gemacht?«
»Maria und Josef!« hauchte die Mutter. »Was habens' denn da auf den Tisch getan?« Bald kamen auch die Knechte, die Mägde herbei, hell erschrocken über die seltsame Erscheinung. Da vermutete einer, ein Junge, der aus dem Tale war: Es könnte ein Christbaum sein. Sollte es denn wirklich wahr sein, daß Engel solche Bäumlein vom Himmel bringen? – Sie schauten und staunten. Und aus des Vaters Gefäß qualmte der Weihrauch und erfüllte schon die ganze Stube, so daß es war wie ein zarter Schleier, der sich über das brennende Bäumchen legte.
Die Mutter suchte mit den Augen in der Stube herum: »Wo ist denn der Peter?«
»Ah«, sagte der Vater, »jetzt schon, jetzt ahn' ich schon, wer das getan hat.«
Da erachtete ich es an der Zeit, aus dem Ofenwinkel hervorzutreten. Den kleinen Nickerl, der immer noch sprachlos und unbeweglich war, nahm ich an dem kühlen Händchen und führte ihn vor den Tisch. Fast sträubte er sich. Aber ich sagte – selber tief feierlich gestimmt – zu ihm: »Tu dich nicht fürchten, Brüderl. Schau, das lieb' Christkindl hat dir einen Christbaum gebracht. Der ist dein.«
Und da hub der Kleine an zu wiehern vor Freude und Rührung, und die Hände hielt er gefaltet wie in der Kirche.
Öfter als vierzigmal seither hab' ich den Christbaum erlebt, mit mächtigem Glanz mit reichen Gaben und freudigem Jubel unter Großen und Kleinen. Aber eine größere Christbaumfreude, ja eine so heilige Freude habe ich noch nicht gesehen als jene meines kleinen Brüderleins Nickerl – dem es so plötz-

lich und wundersam vor Augen trat – ein Zeichen dessen, der da vom Himmel kam.
Solange die Lichtlein brannten, war es wie ein Gottesdienst, während der Mutter auf dem Herde richtig ein paar Krapfen verschmorten. Erst als die Lichtlein verloschen, eins ums andere, bis auch das letzte mit ein paar knisternden Flackern dahin war, huben die Leute an zu reden, und einer brachte, weil es ja finster geworden war, von der Küche ein rötliches Spanlicht herein.
»Was denn da drunter liegt!« sagte der Vater und zeigte auf den Wecken. »Nickerl, mich deucht, das gehört auch dir.«
Der schöne bräunliche Wecken, mit Weinbeerln gespickt – weil es Weihnachtsgebäck war –, wurde dem Kleinen in die Hand gegeben. Er hielt ihn ganz hilflos vor sich. Die Freude wurde nicht größer, weil sie nicht mehr größer werden konnte. Der Christbaum allein hatte sein ganzes Herzlein ausgefüllt, sowie er auch unsere Kinder ausfüllen würde, wenn der himmlische Lichterbusch nicht so sehr mit irdischem Tand verweltlicht würde.
Nachher beim Nachtmahl wurden allerhand Meinungen laut.
»Heut tat eigentlich 's Krippel auf den Tisch gehören«, meinte die alte Magd.
»'s Krippel ist eh da oben«, entgegnete der Vater und wies gegen den Wandwinkel, wo neben mehreren Heiligenbildern mit kleinen Figuren auch die Darstellung der Geburt Christi war.
»'s kommt halt eine neue Mod' auf«, wußte der Junge aus dem Tal zu sagen. »Der lutherisch' Verwalter in Mitterdorf hat in ganz Mürztal den Christbaum aufgebracht. Aber da sind wenigstens gute Sachen darunter, und daß jeder was kriegt.«

»Aha, wenn du Geschenke kriegst«, sagte ich gereizt, »da magst auch einen lutherischen Christbaum, gelt!«
»Still seids!« gebot der Vater, der solche Reden nie leiden konnte, und heut am wenigsten. Also ist die Weihnachtsstimmung schön gewahrt geblieben. Und während wir gekochte Rüben und Sterz* aßen, saß der Nickerl beim Christkind und aß ein Stückchen Wecken, das ihm die Mutter herabgeschnitten hatte. Sich und dem Vater und mir, so war sein Wille, sollte sie auch ein Stück herabschneiden; aber mir war der lang entbehrte Sterz lieber. So zehrte der Kleine noch am Christtag und am Stephanitag und am Johannstage an seinem Wecken. Aber die Weinbeerln hatte er alle schon am ersten Tag aus der Rinde geklaubt. Endlich war der ganze Wecken weg.
Aber das Bäumlein war noch da, wenn auch kahl und leer, wie sie im Walde stehen. Der Nickerl ließ es auf die Leiste über sein Bettchen stellen. Und dort stand es, bis die Nadeln begannen zu fallen. Dann nahm es die Mutter heimlich weg, hackte es klein und legte es fast zärtlich auf das prasselnde Herdfeuer.

---

* eine Mehlspeise

Ostern

Als ich nach Emmaus zog

Am Ostermontag, wenn der Gottesdienst vorüber ist und im Waldlande die Leute beim Mittagsmahle sitzen, kommt es vor, daß einer sagt: »Heut ist Ostermontag, heut sollen wir nach Emmaus gehen.« Und fast allemal entgegnet ein anderer: »Nach Eb'naus gehen, das ist bei uns im Gebirg' eine Kunst.« Aber der strenge Hausvater weist ihn dann zurecht: »Red gescheit! Heilige Sach' ist kein Spaß!«

Am Vormittag haben sie es bei der Predigt gehört, daß nach dem Tode Jesu die Jünger gar vereinsamt und betrübt umhergegangen seien, immer nur an den Herrn und Meister denkend, der ein paar Tage früher gekreuzigt und begraben worden war. Und als sie die Straße entlanggingen, die nach Emmaus führte, da begegnete ihnen der Gekreuzigte leibhaftig und grüßte sie: »Der Friede sei mit euch!«, also daß sie wußten, er ist von den Toten auferstanden. – Dessen gedenkt man im Waldlande frommen Sinnes, und sei es nun auf der Bergstraße oder im Tale draußen, irgendwo steht doch ein Wirtshaus, und das ist das Emmaus, nach welchem man an diesem Tage pilgert. – Jenem, der still beschaulich zwischen den grünenden Saaten dahinschreitet, unter dem Gesange der Vögel, die auf den treibenden

Zweigen sich schaukeln, und der in den milden Sonnenäther des Himmels aufschaut, Sehnsucht im Herzen, dem begegnet der Auferstandene mit dem Gruße »Der Friede sei mit dir!« – Jenen, die nach ernsten Berufsarbeiten zur feiertäglichen Erholung in heiterer Geselligkeit dem Wirtshause zuwandeln, sei es Freund mit Freund, sei es Bursche mit Mädchen in sittsamer Zuneigung, sei es der Geigenspieler und der Pfeifenbläser zur hellen Osterfreudigkeit, denen begegnet der Herr und grüßt sie: »Der Friede sei mit euch!« – Dem aber, der mit frömmelnder Miene, Schlimmes sinnend, nach »Emmaus« schleicht, dem begegnet der Heiland nicht – doch möglicherweise etwas anderes.

Zur Zeit, als ich ein Knabe von etwa zehn Jahren war, wollte mein Vater einmal in der Fastenzeit einen eingewanderten herumlungernden Tagwerker aufnehmen; es gab zu solcher Zeit eigentlich nicht mehr Arbeit in der Wirtschaft, als wir mit unserem Gesinde selbst verrichten konnten, doch mein Vater meinte: »Arbeitet er schon nicht viel, so soll er uns wenigstens fasten helfen. Wo will er denn sonst hingehen, jetzt? Hat auch schon einen grauen Bart.«

»Ist selber schuld«, antwortete die Mutter, »warum rasiert er sich nicht. Der Tritzel gefällt mir nicht, sie sagen ja, er wäre schon einmal eingesperrt gewesen.«

»Mußt nicht alles glauben, was sie sagen. Die Leut' tun alleweil gern andere noch schlechter machen, als sie selber sind.«

»Und der Tritzel gefällt mir nicht«, wiederholte die Mutter, »er hat einen krummen Blick.«

»Einen krummen Blick hat er, weil er schielt«, sagte der Vater, »und fürs Schielen kann der Mensch nicht.«

»Da hast freilich wieder recht«, darauf die Mutter, »und wenn

er jetzt im Märzen keinen anderen Platz findet und er auf der freien Weid' müßte liegen, da mögen wir ihn doch lieber nehmen.«
Also war es verabredet worden. Aber bei der Aufnahme konnte mein Vater nicht unterlassen, den Tagwerker zu fragen: »Bist du nicht einmal im Gefängnis gesessen?«
»Ja, das ist gewiß«, antwortete der Tritzel.
»Was hast denn angestellt?«
»Schon etwas der Müh' wert, das magst dir denken, Waldbauer. Mir ist nicht zu trauen, mir!«
»Darf man's wissen?«
»Warum denn nicht! Im Arzbachgraben bin ich ein armer Kleinhäusler gewesen.«
»Deswegen werden sie dich doch nicht gestraft haben!« rief mein Vater.
»Armut ist halt ein Verbrechen«, versetzte der Tritzel sehr tiefsinnig. »Und weil ich meine Steuer nicht hab' zahlen können, so sind sie gekommen und haben mir meine Kuh pfänden und wegtreiben wollen. »Die lass' ich nicht!« schrei' ich und hau' dem Pfändersmann eine ins Gesicht. Alsdann haben sie anstatt der Kuh mich fortgetrieben und eingesperrt.«
»Dem Pfänder hast eine gegeben!« lachte mein Vater auf. »Na, bleib halt da, Tritzel.«
Der Alte zog – aber so, daß es mein Vater nicht merkte – das runzelige Gesicht schief, blinzelte mit den fahlen Wimpern und murmelte in seinen Bart: »Eine Freude, wie sich der hinters Licht führen läßt! – Ja, freilich bleib' ich.«
Und abgemacht war's.
Tat dann der alte Tagwerker Tritzel zuerst ein bissel Schnee

schaufeln bei uns um den Hof herum, dann ein bissel Streu hacken, hernach ein bissel Dung führen mit der Schubkarre in den Garten hinaus. Dabei tat er mit uns fleißig die vierzigtägige Fasten halten und ein sittsames Leben führen. Als die Ostern nahten, gab mein Vater zu verstehen, daß der Tritzel nun im Frühjahr wohl auch anderweitig einen Platz finden würde, und jetzt war es meine Mutter, die sprach: »Weil er uns hat fasten helfen, der Tritzel, so kann er uns auch essen helfen; wer weiß, wo er sonst sein Weihfleisch und die Osterkrapfen finden könnt'.«

Also blieb der alte, graubärtige Bursch über das Osterfest in unserem Hause, aß sich gewissenhaft satt und führte gern christliche Gespräche. So sagte er am Ostermontag beim Mittagsmahle: »Heut sollen wir nach Emmaus gehen. Gehst mit, Bübel?«

Die Frage war an mich gerichtet. »Ja, nach Emmaus ginge ich mit!«

»Versteht sich!« begehrte die Mutter auf. »Kinder ins Wirtshaus!«

»Waldbäuerin«, versetzte der Tritzel ernsthaft, »vom Wirtshaus ist keine Red'. Bei mir schaut das Christentum anders aus. Der Gang nach Emmaus ist ein heiliger Gang. Ein heiliger Gang, meine liebe Waldbäuerin! Wir gehen zu der Kreuzkapellen hinauf, dort werden wir den Heiland sicherer finden als im Wirtshaus – will ich meinen.«

»Das ist wahr«, stimmte mein Vater zu, und ich durfte mit dem Tritzel gehen.

Die Kreuzkapelle stand etwa eine Stunde von uns, weiter oben im Gebirge, auf einem Waldanger. Wenn der Wetterwind ging im Sommer und dort das Glöcklein geläutet wurde, konnte man bei uns im Hof den Klang hören.

In der Fastenzeit war die Kapelle ein beliebter Wallfahrtsort, es kamen an jedem Freitag aus nah und fern Andächtige herbei, zündeten vor dem lebensgroßen Kreuzbilde, das in der Kapelle über dem Altare stand, Lichter an, beteten, legten bescheidene Opfergaben hin und gingen erleichterten Herzens wieder nach Hause. Da in der Nähe dieses Andachtsortes keine Menschenwohnung war, so ging täglich von den Waldbauernhäusern ein altes Weiblein hinauf, um die Kapelle zu öffnen, zu schließen und das Glöcklein zu läuten.

Das war also unser Emmaus, zu welchem der alte Tagwerker Tritzel und ich auszogen – ein heiliger Gang, wie der Alte unterwegs wiederholt versicherte.

Der Weg ging über Wiesen, durch Wäldchen hinan, war stellenweise noch mit schmutzigen Schneekrusten belegt, stellenweise rann die Gieß, und stellenweise ging es über aperen* Rasen. Bei jeder Wegbiegung blickte ich scharf aus, ob uns nicht der liebe Heiland entgegenkäme. Endlich sah ich von ferne aus dem Wald hervortretend die Gestalt; sie schwankte langsam heran, kam immer näher, und als sie ganz nahe, war es nicht der liebe Heiland, sondern das alte Weiblein, welches mit dem Schlüssel von der Kapelle kam.

»Jetzt wird doch einmal schön' Wetter werden«, redete sie der Tritzel an.

»Ja, Zeit wär's«, sagte die Alte und trippelte fürbaß.

Als wir sie nicht mehr sahen, sagte der Tritzel: »Das ist sauber, jetzt hat uns die gewiß die Kapellen zugesperrt!«

»Ich lauf' ihr nach, daß sie wieder zurückgeht«, war mein Vorschlag.

---

* schneefreien

»A geh, hast denn du kein Herz für alte Leut'!« wies er mich zurecht. »Den Weg etlichemal hin und wieder her machen, wie ein Hundel! Die geht nicht mehr auf ihren ersten Füßen wie du! Wir werden uns schon helfen.«
Bei einer Wegzweigung fragte mich der Tritzel: »Geht's da links nicht hinauf zum Schützenhof?«
»Ja, da geht's hinauf zum Schützenhof.«
»Ist's wahr, daß er so viel Sachen haben soll, der alte Schützenhofer?«
»Ja, sie sagen, daß er reich ist«, war die Antwort.
»Nachher kommt der Schützenhofer in die Höll'. Die Reichen müssen alle hinab«, sagte der Tritzel. »Aus Nächstenlieb' sollte man machen, daß sie in den Himmel kommen.«
»Ist wahr«, pflichtete ich ihm bei.
Endlich kamen wir auf den Waldanger. Da lag der Schatten, nur die Baumwipfel standen im Sonnenschein. Auf dem Anger gab es noch Schnee, auch auf dem Dache der Kapelle lag er und ließ am Rande tropfende Eiszäpfchen herabhängen. Als wir dem Eingange nahe kamen, zog der alte Tritzel den Hut vom Haupt und glättete mit der anderen Hand sein graues Haar. Dann drückte er an der Türklinke. Da gab nichts nach, und er blickte mich betroffen an.
»Ja, weil sie zugesperrt hat«, sagte ich.
»Freilich hat sie zugesperrt, du Narr, sonst wär' es offen!« schnarrte er mich an. Das war mir zuwider. Folgerichtig war mein Wort und seines ebenfalls, aber warum denn so anschnarren!
Er ging rings um die Kapelle, als suche er einen zweiten Eingang. »Schau du!« rief er plötzlich. »Da ist ein Fenster. Der Laden geht auf, so! Er ist zwar nicht groß, aber eine dünne Spindel wie du kann hinein!«

»Eine Spindel wie ich«, war mein Aufbegehren; »nein, da schlupf' ich nicht hinein!«
»Ei freilich schlupfst hinein, Buberl. Nachher schiebst von innen an der Tür den Riegel weg und laßt mich ein; wir knien uns hin vor das Kreuz und beten eins miteinand'.«
Vor das Kreuz hinknien und beten, das war freilich verlokkend, denn ich hatte den gekreuzigten Jesus sehr lieb und wollte ihm mit dem Gebet eine Freude machen. Ich ließ es also geschehen, als der Tritzel mich emporhob, ins Fenster steckte und tapfer nachschob, weil es doch ein bißchen eng herging an diesem Himmelspförtlein. Ein Ruck, und ich kollerte drinnen hinab. Auf einen Schrei, den ich ausgestoßen, fragte er draußen: »Hast du dir weh getan?«
»Weiß nicht, es ist ganz finster«, war die Antwort, denn ich konnte es nicht sehen, ob das Nasse an den Nüstern Blut war oder etwas anderes. Hernach machte ich mich an die Tür.
»Schieb den Riegel zurück!« rief draußen der Tritzel.
»Es ist kein Riegel«, berichtete ich nach längerem Umhertasten.
»Lalli! Wird doch ein Riegel sein. Jedes Schloß hat einen Riegel.«
»Aber das ist ein eisernes Schloß, und man kann nicht heran.«
»Ein eisernes? – Du verdammt! hätt' ich bald gesagt, christlich' Weih' ausgenommen.« Allso er draußen. Und fuhr fort: »Wart, Buberl, greif ans Fenster. Da hast eine Zündholzschachtel. Damit zünds't die Kerzen an, die auf dem Altar stehen. – Raspel nur, raspel! Aber du raspelst ja auf der verkehrten Seiten. Auf der rauhen mußt raspeln! So! Brennt's schon? Richtig, brennt schon, bist ein Buberl, ein braves. Kannst noch Meßdiener werden, du, oder gar Pfarrer und Bischof, und noch

ein bissel später Papst. Ei, das wohl! – Du Buberl, weil du schon drinnen bist, geh, schau, siehst auf dem Altar kein zinnernes Schüsserl nicht stehen?«

»Ja«, antwortete ich, »und sind mächtig viel Kreuzer und Groschen drin.«

»Hat's die Alte akkurat wieder stehenlassen!« sagte der Tritzel draußen in grollendem Tone. »Wenn man halt nicht überall nachschaut! Auf die alten Weiber ist überhaupt kein Verlaß. Für was geht sie denn Brot sammeln bei den Bauern, wegen Kapellendienst, wenn sie doch aufs Geld nicht schaut! Schändlicher Leichtsinn! Mach, Bub, gib's heraus! Das Schüsserl sollst mir herausgeben, das zinnerne Geldschüsserl!«

Jetzt, das kam mir nicht ganz richtig vor.

»Kirchen ausrauben?« fragte ich endlich.

»So ist's! Kirchen ausrauben könnten sie, die Schelm', wenn man das Geld tät' stehenlassen da in der Kapellen!« sprach der Tritzel. »Kirchengut muß man wahren. Geh, Buberl, gib's heraus, schau, ich nehm's schon.« Reckte den Arm zum Fensterchen herein und krabbelte mit den langen, hageren Fingern in der Luft umher.

»O nein«, war mein Bescheid, »Kirchen ausrauben tu' ich nicht.«

»Kindisch, wer redet denn von so was! Bei dem heiligen Gang so dumm reden! Dich wird unser Herrgott noch einmal recht strafen! Dem Herrn Pfarrer tragen wir das Geld hinab. Der Herr Pfarrer hat mich gebeten, daß ich ihm von der Kreuzkapellen das Geld möcht' holen.«

»So hol's, Tritzel.«

»Wenn ich aber nicht hineinkann. Und du bist schon drinnen. Willst in den Himmel kommen?«

»Ja, freilich.«

»So gib mir das Geld heraus!«

Ein kleines Weilchen überlegte ich, da war's, als flüsterte irgendwo jemand: »Tu's nicht! Tu's nicht!« Und laut war mein Schrei: »Nun, ich tu's nicht!«

»Waldbauern-Bübel, mach keine Geschichten!« schmeichelte er draußen. »Dem Herrn Pfarrer muß man das Wort halten. Kannst ihn auch einmal zu brauchen haben. Steig nur auf die Betbank, und gib's heraus. Verstreu nichts, jeder blutige Kreuzer ist heilig! Na, mach Bürschel, mach! Kriegst nachher was von mir.«

Es half ihm aber nichts. Und als er das endlich einsah, ging er fluchend von dannen. Der Boden knarrte, da er über den Schnee hinschritt gegen den Wald.

Ich war in eine trotzige Stimmung gekommen, ohne eigentlich recht zu wissen, warum. Als es jetzt aber ganz stille war in der dämmerigen Kapelle und die zwei von mir angezündeten Kerzen wie Totenlichter brannten vor dem Kreuzbilde, da begann mir unheimlich zu werden. Das Blut sah ich an den Händen und Füßen des Gekreuzigten, und als ich so hinaufstarrte zum blassen, dornengekrönten Antlitze mit dem gebrochenen Aug', da war's, als bewegte sich ein wenig das Haupt. Nur ein einzigmal – und dann war's wieder wie früher.

Mein Versuch, mittels eines Betpultes zum Fenster wieder hinauszukriechen, mißlang; so faßte ich den vom Türmchen niederhängenden Glockenstrick und hub an zu ziehen, aber nicht gleichmäßig, sondern mit heftigen Zügen und in Absätzen, wie man die Feuerglocke läutete. Als die Erschöpfung kam, setzte ich mich an die Altarstufen und wartete auf einen Retter. Es erschien weder der Tritzel noch jemand anderer. Schreien und Schluchzen, neues Zerren am Stricke. Vor Weinen und Läuten endlich ganz matt geworden, mußte mich der Schlaf übermannt haben. Als ich wieder zu mir kam, flackerte vor dem starren Kreuze nur noch eine Kerze in den letzten Zügen, die andere war niedergebrannt und ausgeloschen. Zum Fenster schaute die Nacht herein. Neu erwachende Angst gab mir zugleich neuen Mut; ich kletterte wieder auf die Betbank, zwängte mich durch das Fenster, diesmal zuerst den Kopf und den rechten Arm hinaus, und jetzt ging es. Ich fiel in den Schnee, blieb aber nicht lange in demselben liegen, sondern lief davon. Der Boden war gefroren, der Himmel sternenübersät. Was ich bei all diesen Unternehmungen gedacht habe, weiß ich nicht – sehr viel kaum; wenn der Mensch so viel tut, hat er nicht Zeit zum Denken. Nun aber, als ich über die Felder hinablief und von weitem ein zuckendes Lichtlein sah, das immer näher kam, dachte ich: Am Ende kommt mir jetzt der liebe Heiland entgegen. – Und er war's. Voran schritt ein Knecht vom Schützenhof mit Laterne und Glöcklein, hinter ihm drein der Pfarrer in Chorrock und Stola, an seinem Busen das Sakrament bergend. Allsogleich kniete ich am Wegrande nieder, wie es Sitte ist, und bat um den Segen.

Der Pfarrer blieb stehen und sagte: »Das ist ja der Waldbauernbub. Warum bist du noch aus so spät in der Nacht?«

Da hab' ich denn erzählt, daß der Tagwerker Tritzel mich in die Kreuzkapelle gesteckt, um ihm das Opfergeld herauszulangen, und weil ich es nicht tun wollen, er mich im Stiche gelassen hätte.

»Oh, dieser Spitzbub!« rief der Knecht vom Schützenhof aus. »Aber heut ist sein Krügel 'brochen. Hat den Ostermontag, wo die Leut' im Wirtshaus sitzen, nicht unbenützt lassen wollen. Von der Kreuzkapellen in den Schützenhof, dort beim Bodenfenster einsteigen, Kästen ausrauben, vom Bauer erwischt und niedergeschlagen werden ... Ja, mein lieber Waldbauernbub, das sind Geschichten! Und jetzt ist der Tritzel just beim Sterben. Um den Geistlichen geht's ihm, ich glaub', diesmal ist's sein Ernst. Und so bin ich halt gelaufen bei der Nacht. Jetzt wollen wir weiter, er wird sehnlich warten.«

Der Pfarrer gab mir den Segen, dann schritten sie weiter. Noch lange sah ich das Lichtlein dahingleiten, bis es endlich zuckend zwischen den Stämmen des Waldes verschwunden war.

Pfingsten

Als ich um Hasenöl geschickt wurde

Im Jahre soundso viel hatten wir zu Pfingsten noch einen Kübel Schweinsfett vorrätig. Der Vater hatte ihn nicht verkauft, weil er meinte, die Mutter würde ihn zu Hause aufbrauchen, und die Mutter hatte ihn nicht aufgebraucht, weil sie glaubte, der Vater würde ihn ja verkaufen wollen. Und während dieses wirtschaftlichen Zwiespaltes war das Fett ranzig geworden. Jetzt hätte es die Mutter gerne verkocht, allein so oft ein Sterz mit diesem Fette auf den Tisch kam, schnupperten die Knechte mit der Nase und sagten: Schusterschmiere äßen sie nicht! Es war aber keine Schusterschmiere, es war echtes, reines Schweinsfett, und das wußten sie auch, und deshalb war es höllisch bösartig, daß sie solche Reden führten. Die Mutter war sonst eine sehr frohe und glückliche Frau, wenn aber ein Dienstbote über die Kost klagte, da wurde sie ganz verzagt und lud die anspruchsvollen Knechte wohl auch ein, sich nur selber einmal zum Herde zu stellen und mit den vorhandenen Mitteln eine Prälatenmahlzeit zu kochen. Unter Prälatenmahlzeit verstanden wir nämlich nichts Schlechtes.

Nun hatten wir zu dieser Zeit eine alte Untermieterin im Hause, die für alles einen guten Rat wußte. Sie war zwar auf

beiden Augen blind, sah aber doch gleich, was da zu machen war.
»Ein schlechtes Schweineschmalz hast, Bäuerin!« rief sie. »Ranziges Schmalz kaufen sie nur noch in der Apotheken, sonst nirgends nit und gewiß auch noch!«
Ja, die Apotheken, das ist wahr. Die hat im vorigen Jahre auch Gamswurzeln genommen und Arnikablumen und gedörrte Hetschepetsch*, die nimmt alles, was riecht, die nimmt auch das Schweineschmalz. Und ich, der zwölfjährige Hausbub, bin hervorgesucht worden, um am Pfingstmontag zeitlich in der Früh das Kübelchen beim Henkel an den Stock zu hängen und so über der Achsel hinabzutragen nach Kindberg in die Apotheke. Und bei dieser Gelegenheit sollte ich auch etwas anderes besorgen.
Da hatten wir zur selbigen Zeit einen alten Weber zur Miete, der nahm, wenn keine Arbeit war, oft den Kopf in beide Hände, brummte schier unheimlich vor sich hin und sagte dann zu dem, der just da war: »Mensch, ich werde ganz blöd. Just als hätte ich ein Hummelnest im Kopf, so tut's brummen, weiß der Teufel, was das ist. Immer einmal ganz dumm komm' ich mir vor, das ist mir jetzt schon zu dumm!«
Und antwortete ihm nun auf einmal die alte Einlegerin**: »Wenn du dumm bist, Hartl, so mußt du dir mit Hasenöl die Schläfe einschmieren.«
»Alte Dudl, wo soll denn ich ein Hasenöl hernehmen?« begehrte der Weber auf.
»In der Apotheken kriegt man's«, lautete ihr Bescheid, und so

---

* Hagebutten
** Untermieterin

sollte ich nun für den Weber-Hartl um zwei Groschen Hasenöl einkaufen in der Apotheke zu Kindberg. Hasenöl? Geben denn diese Tiere auch Öl so wie der Leinsamen und der Raps? Natürlich wird's so sein, denn wenn's kein Hasenöl gäbe, so könnte man ja keins kaufen.

Als ich nach langem Marsche gegen Mittag mit meinem Küblein in die Apotheke zu Kindberg kam, hieß es dort, Schweinsfett brauche man jetzt nicht, und wäre es auch ganz frisch.

»Es ist aber nit frisch!« versicherte ich. »Es riecht schon!«

Dann sollte ich nur in die Apotheke nach Bruck hinabgehen! meinte der Herr lachend; ich aber dachte: Wenn du mir kein Schweinsfett abkaufst, so kaufe ich dir kein Hasenöl ab – und machte mich auf den Weg. – Daß es aber so lange Straßen geben kann auf der Welt, wie dieser Weg war bis Bruck! An beiden Seiten des Tales Berge und Gräben, das Wasser einmal rechts und dann links und dann wieder rechts; ein Dorf um das andere, dieses hatte einen Kirchturm, jenes keinen, in manchem Wirtshause gab es Musik, in manchem helles Geschrei; mancher Wanderer lallte taumelnd des Weges dahin, mancher ruhte friedlich im Straßengraben – und immer so fort. Allzumal muß auch erzählt werden, daß die Sonne sehr heiß schien und mein Schweinsfett hinter dem Rücken Fluchtversuche machte, wie später an den Spuren auf meinem Rock zu bemerken war.

Bruck ist eine Stadt. Ich hatte noch nie eine Stadt gesehen. Ein vielgereister Handwerksbursche hatte bei uns einmal erzählt, Wien, Paris und Bruck wären die größten Städte der Welt und in Bruck stünde das achte Weltwunder: ein eiserner Brunnen. Auf dem Wege zu solchen Merkwürdigkeiten wird man nicht müde. Die Sonne ging schon hinter den Berg hinüber, als ich mit meinem Küblein einzog in die große Stadt Bruck. Mein erstes war, dem eisernen Brunnen nachzufragen, denn auf dieses Wunder war ich vor allem gespannt. Welche Enttäuschung, als aus einem rostigen Gitterwerke ein Brunnen herausrann, ganz wie jeder andere Brunnen auch – von Wasser, und nicht von Eisen.

Die Apotheke ließ sich auch nicht lange suchen, stand doch der heilige Josef mit dem Knäblein an die Tür gemalt, und der steht, das wußte ich schon, immer bei den Apotheken. Da drinnen war ein altes, weißköpfiges Männlein mit Brillen, die es dazu benutzte, über- oder unterhalb derselben recht schalkhaft auf mich herzublicken, als ich mein Schweinsfett ausbot, das Pfund um sieben Groschen. Er fragte, ob Safran in dem Kübel wäre! Worauf ich eine Weile tat, als besänne ich mich.

»Na, na«, näselte das Herrlein, »wenn du deine Schmier' nicht gern gibst, so geh nur gleich wieder!« Da ließ ich sie ihm ab. Er wog das Küblein mit einer unendlichen Gleichgültigkeit, das gab gerade drei Pfund, das Holz wie das Fett zahlte er pro Pfund zu fünf Groschen. Der Kübel wurde in eine dunkle Nebenkammer getragen, leichten Herzens bin ich von ihm geschieden. – Und nun um zwei Groschen Hasenöl! – Da sollte ich in einer Viertelstunde wiederkommen.

Ich war hungrig und durstig geworden, ging hinaus und suchte ein Wirtshaus. Es standen ihrer ein paar stattliche da herum, mit großen Fensterscheiben, durch die schneeweiß gedeckte Tische zu sehen waren. Ich traute ihnen nicht recht. Wenn andere gute Wirtshäuser suchen, so ist das ihre Sache, ich für meinen Teil suchte ein schlechtes, war mir wohl bewußt, was draufgehen durfte. Glücklich fand ich das gesuchte; die Stube war dunkel und voller Fliegen, die an dem braunen, klebrigen

Holztisch herumkrochen; das halbe Glas Wein war lau, aber naß, und das genügte mir. Die Semmel von vorgestern war schon deshalb zweckmäßig, weil sie mehr ausgab als etwa eine von heute.

Diese Genüsse verschlangen zu meinem nicht geringen Schrecken ein halbes Pfund Schweinsfett, und ich – als der bloß nach Kindberg Geschickte – durfte über das Kapital nicht verfügen!

In die Apotheke zurückgekehrt, gab es dort Leute. Ich hatte zu warten und setzte mich hinterwärts auf eine Winkelbank, von der aus schön zu sehen war, wie dieses ehrwürdige Geschäft, mit allerhand Mitteln die Leute gesund zu machen, betrieben wurde. Da kam jemand und verlangte Fuchsschmalz. Das alte Männlein langte einen schwefelgelben Tiegel vom Gesimse, stach mit einem zierlichen Schäufelchen ein Stücklein heraus auf ein Papier, legte es auf die kleine Waage: »So, Vetter, da sind vier Quintel Fuchsschmalz, kosten zwei Groschen.« Hernach verlangte eine Frau Pillen. Eine andere bekam ein winziges Fläschchen. Ein Knabe begehrte Dachsfett als Mittel gegen den Kropf. Der Apotheker langte emsig nach dem schwefelgelben Tiegel auf dem Gesimse und gab, ähnlich wie früher, das Verlangte. Das fiel mir auf, er mußte sich vergriffen haben, in diesem Tiegel war doch das Fuchsschmalz. Hierauf wurden Pulver angefertigt und kleine Schächtelchen und Fläschchen allerlei. Ein altes Weib kam hereingehumpelt, beklagte sich über die Gicht und ob sie nicht eine Gichtsalbe haben könne. »Gewiß, liebe Frau!« sagte das Männlein, langte wieder nach dem schwefelgelben Tiegel und gab die Gichtsalbe heraus. Jetzt hub dieser schwefelgelbe Tiegel auf dem Gesimse an, mir unheimlich zu werden. Weil die Zeit verging und ich immer noch nicht bemerkt wurde, so trat ich endlich aus dem Winkel hervor und bat um mein Hasenöl.

»Ei ja richtig, Kleiner. Du bist auch da. Du bekommst Hasenöl!« sprach freundlich das Männlein, nahm den Schwefelgelben vom Gesimse und stach mir gestocktes Hasenöl heraus.

Noch hatte ich das kostbare Mittel, welches in ein ganz kleines Tiegelchen getan war, kaum geborgen in meiner verläßlichsten Rocktasche und es redlich bezahlt, als wieder ein Frauchen zur Tür hereinkam und fragte, ob frisches Schweinsfett zu haben wäre als Medizin?

»Vollkommen frisch!« rief der Apotheker. »Heute erst bekommen!« und stach aus dem schwefelgelben Tiegel Schweinsfett.

Hierauf bin ich fortgegangen und habe gleich bei mir selber die Erfahrung gemacht, wie heilsam so ein bißchen Hasenöl ist gegen die Dummheit. – Fuchsschmalz, Dachsfett, Gichtpflaster, Hasenöl und Schweinsfett, alles in *einem* Tiegel! Jetzt erst ist mir klargeworden, welch einen Schatz von köstlichen Arzneien ich in meinem Kübel aus dem Gebirge herabgeschleppt hatte.

Als ich von der Bruckerstadt fortging, lagen die Schatten der Berge schon weit in das Tal hinein. Meine Füße hatten sich in schwerem Schuhwerk heißgegangen; auch das Atmen war mühsam, und es war, als ob mir jemand ein hartes Brett fest an die Brust gebunden hätte. Nach Alpel waren es bloß noch acht Stunden. Weil es etwas langsam voranging, so holte mich ein Fuhrwerk ein. Zwei klobige Pferde zogen einen großen Bauernwagen, auf dessen Vordersitz ein Bursche, etwa in meinem Alter, kutschierte. Der Wagen selbst war fast leer. Er war mit Lärchenbrettern nach Bruck zum Faßbinder gefahren, auf dem Rückweg hatte er einen Sack Feldbohnen und einen Stock Salz aufgeladen; daneben war noch reichlich Platz für einen einfältigen Burschen, der am Leiblein ein Paar müde Beine hatte, hingegen aber in der Tasche die Salbe für Dummköpfe, die gescheit werden wollen. Ich war bereits so gescheit, um den Burschen auf dem Wagen anzurufen, ob er mich aufsitzen lassen wolle.

»Wohin willst denn?« fragte er fast vornehm und von seiner Höhe herab.

»Heimzu.«

»So setz dich auf, ich fahr' auch heimzu.«

Bald war der Bohnensack mein Kopfkissen und der Salzstock mein Schlafkamerad, der Fuhrmann schnalzte mit der Peitsche, und es ging knarrend voran. – Viel weiß ich nicht von derselbigen Fahrt »heimzu«. Einmal, als ganz zufällig die Augen

aufgingen, sah ich kohlschwarze Baumzacken in den nächtigen Himmel aufragen, welche ganz unheimlich ächzten, knarrten und holperten. Und dann wieder nichts.
Als ich erwachte, na, da war etwas! Da lag ich auf dem Wagen unter einem alten Holzschuppen, um mich war heller Tag und eine fremde Welt. Eine schreckbar fremde Welt. Der rauschende Bach mit der Mühle daneben, das gemauerte Haus mit einer breiten, braunangestrichenen Tür, der Anger mit den Pferden, und solcherlei war mir seltsam genug, noch unheimlicher war etwas anderes. Dort hinter den Waldbergen stand breit und hoch etwas Weißes, Leuchtendes auf, fast ähnlich den mittägigen Sommerwolken, wie sie sich am Horizont emporbauen, wenn's nachmittags Gewitter gibt. Aber das stand da so starr und ruppig und rissig da im Sonnenschein, und von unten hinauf sah es aus, als ob blauende Wälder sich hinanzögen, von steilen grauen Streifen überall unterbrochen. Und höher oben war alles wie purer Stein, der zerklüftet und zersprungen ist. Und so war es voran oben, und so war es rechts oben, und so war es links oben und überall die ungeheure Höhe, daß mir schwindlig ward, als ich den Kopf so weit nach rückwärts bog, um hinaufzuschauen. Mein Lebtag hatte ich derlei nicht gesehen. Zum Glück kam nun mein junger Fuhrmann, der fragte mit lautem Lachen, ob ich gut ausgeschlafen hätte. Vom Wagen gesprungen war ich schon, so rief ich nun voll Entsetzen: »Mensch, wohin hast du mich geführt?«
»Heimzu!« lachte er. »Da bin ich daheim.«
»Wie heißt's denn da?«
»Da heißt's Tragöß«, sagte er.
»Und das da droben? Was ist denn das?«
»Die Berge meinst?«

»Nit die Berge, was *hinter* den Bergen so steht, das meine ich.«
»Jesses!« lachte der Bursche und klatschte mit beiden Händen auf seine Knie. »Das sind halt wieder Berge, da ist die Messnerin, dort ist die Pribitzen, und hier ist der Hochturm, und du sollst jetzt ins Haus gehen, Suppen essen.«
So habe ich an jenem Morgen das erstemal die hohen Felsenberge in der Nähe gesehen. Auf dem Tisch der Hausstube, in die der Junge mich geführt, stand schon die dampfende Suppenschüssel mit weißem Brote. Ich wollte aber den Löffel nicht in die Hand nehmen: ißt du, so gehörst du ihnen, mußt dableiben und weißt gar nit, wer sie sind. Von der Küche kam ein älteres Weib herein, das schlug die Hände über dem Kopf zusammen, als es hörte, wie weit ich verführt worden war und daß ich anstatt nach Krieglach im Mürztale nach Tragöß am Fuß des Hochschwabengebietes gekommen bin.
»Jetzt mußt erst recht essen, Bübel, daß du nachher heimgehen magst.«
»Frau Mutter, wie weit hab' ich denn heim?«
»Jetzt wart einmal«, antwortete sie und hub an, an ihren Fingern die Ortschaften und die Stunden abzuzählen, »ihrer zwölf Stunden wirst wohl brauchen bis ins Krieglach hinaus. Bist mir aber auch einer! So fest schlafen! Mein Seppel hat's freilich nit wissen können, wo du hinwillst, und hat sich gedacht, 's wird eh recht sein ins Tragöß herein. Aber das ist jetzt schon ein Kreuz. Mach dir nichts draus, mein Wagen hat dich hergeführt, und dein Schutzengel wird dich hinführen.«
Während sie mich so tröstete, war draußen in der Küche fortwährend ein klägliches Wimmern, und nun kam der Seppel herein und berichtete, das Mentschl hätte halt wieder gar so viel Zahnweh.

»Was aber das Zahnweh für ein Elend ist!« rief das Weib. »Jetzt leidet das Kind schon die ganze Nacht wie eine arme Seel' im Fegfeuer. Alles haben wir schon angewendet: heiße Tücher aufgelegt, kaltes Wasser in den Mund getan, mit Rosenbuschbalsam ausgewaschen, Kalmusgeist hineingetropft, mit Salz eingerieben, einen Mariazeller Rosenkranz umgehängt, zwei Zehen mit einem Seidenfaden zusammengebunden, die Füße ins Ofenloch gesteckt und sonst allerhand Mittel angewendet. Überhaupt nichts hat's geholfen! Schreien tut das arme Wesen, als ob man's wollt köpfen, und jetzt weiß ich nichts mehr. – Katherl, Katherl, du gutes, armes Kindel du! Wart einmal, jetzt will ich dir Hühnermist aufs Genick legen, das zieht's aus, das hilft, Katherl, wirst es schon sehen, das hilft!« Damit eilte sie wieder hinaus in die Küche.

Das ganze Hausgesinde war zusammengeeilt um die Leidende, die nun neuerdings anhub, herzbrecherisch zu schreien: »Mein Zahn, mein Zahn! Ahndl, mein Zahn tut mir so viel weh!«

»Laß nur Zeit«, tröstete die Angerufene, »das Mittel greift halt an, jetzt wird's bald besser sein, schau, bist ja mein liebes Katherl, du!«

Auch ich war in die Küche hinausgegangen. Auf dem Herde, mit den Füßen im Ofenloch, kauerte ein Dirndl, das ein so rundes, liebes Gesichtlein hatte, seine gefalteten Hände, wie um Hilfe flehend, an die rechte geschwollene Wange preßte und mich schrecklich dauerte. Jedes im Hause hatte schließlich noch ein Mittel gewußt, keines und gar keines hatte geholfen. Ein Mensch war zugegen, der behauptete, Dummheit wär's, die Zähne nicht ordentlich zu pflegen, und deswegen alleweil das Zahnweh! – Gott, wenn's von der Dummheit kommt, da

muß ja mein Hasenöl helfen! – Aus meinem tiefen Sacke zog ich das kostbare Tiegelchen hervor und aus meinem gescheiten Kopf den guten Rat, mit diesem gestockten Hasenöl die geschwollene Wange einzuschmieren. – »Schaden wird's wohl doch nit; wenn's ein Hasenöl von der Apotheken ist, kann's unmöglich schaden!« sprach die Großmutter und fettete das

Dirndl ein. – Nicht fünf Minuten, so rief die Kleine aus: »Ahndl, jetzt ist's gut!«, und flink sprang sie vom Herde herab. Freilich ging ich nun meine Not an, denn alles Hasenöl wollten sie haben, ich sollt' nur sagen, was es kostet! Von ihren dringenden Bitten kamen sie erst ab, als das geheilte Dirndl erklärte, der Zahn wäre so fest gut geworden, daß er gar nimmer weh tun werde, also konnte ich mein Öl wieder in den Sack stecken und sehen, wie man von Tragößß nach Krieglach-Alpel kommt. Unterwegs dachte ich über das Hasenöl nach. Wenn es beim dummen Weber-Hartl auch so heftig wirkt wie bei dem Zahnweh-Dirndl, dann geht er mit den drei Weisen aus dem Morgenlande als der vierte.

Nach einer fünfstündigen Wanderung war ich wieder dort, wo der müde Junge einen Tag früher in den Bauernwagen gestiegen. In einem Gehöfte fragte ich, wieviel es an der Uhr sei, wie weit es noch bis Krieglach wäre, ob ich wohl den richtigen Weg hätte. Die gründlichsten Auskünfte haben sie gegeben, jedoch, ob ich etwa einen Löffel Suppe möchte, das fragte niemand. Unter einem Kirschbaum lag ein Mensch und wimmerte vor Kopfweh; allsogleich wollte ich mein Mittel anbieten, jedoch ein Weibsbild behauptete scharf und stramm, das Kopfweh sei in der vorigen Nacht in einem Wirtshause eingekauft worden, und vor dem Abend gebe es gar kein Mittel; am Abend aber würde dieser Kopf schon von selber gut, hingegen dürften nachher dem, der ihn aufhätte, die Backen weh tun! – Eine Handbewegung des Weibes hat das undeutliche Wort sehr klargestellt.

Unterwegs nach Krieglach lud mich ein Fuhrmann, der Eisen geladen hatte, ein, auf seinen Eisenplatten Platz zu nehmen; ich befürchtete, auch der möchte mich »heimzu« führen in die

Stanz oder in die Veitsch oder sonstwohin; wollte daher ablehnen. Der Fuhrmann kannte mich aber und sagte, daß er über Alpel nach dem Rettenegger Hammer fahre – ja, das war freilich eine Schickung Gottes. Gelegen bin ich mein Lebtag schon weicher als damals auf den Eisenplatten, geschlafen habe ich selten besser. Richtig hätte ich jetzt auch an Alpel vorbei bis weit hinüber ins Rettenegg geschlafen, wenn mein Führer mich nicht abgesetzt hätte beim Heidenbauern-Thörl, nahe von daheim.

Um Mitternacht kam ich zu Hause an. Sie waren ein wenig in Spannung und schliefen noch nicht. »Wir haben schon gemeint, der Kindberger Apotheker hat zum Schweineschmalz dich selber als Draufgab' genommen«, sagte der Vater, das war Spaß. Dem alten Weber-Hartl jedoch war etwas ganz anderes eingefallen. Er erinnerte sich, einmal gehört zu haben, daß die Apotheker jährlich ein Menschenkind abschlachten, um daraus eine ganz besondere Medizin für ganz besondere Krankheiten zu gewinnen. – Es war wohl die höchste Zeit für den alten Hartl, daß ich mit dem Hasenöl heimkam!

Erst steckte er seine Nase ins Tiegelchen. »Scharf schmecken tut's, das wird schon angreifen«, murmelte er, »tut eh schon wieder so viel brummen im Kopf.« Mein Vater roch auch und schaute mich grauenhaft strenge an. – Ich hatte nie begriffen, weshalb die Apotheker auf jeden Tiegel, den sie verkaufen, einen Zettel mit ihrem Namen und Wohnort kleben. Jetzt ward es mir klar, ohne diesen Zettel auf dem Tiegelchen hätte man es mir daheim niemals geglaubt, daß ich mein Hasenöl nicht aus dem Schweinsfettkübel genommen, sondern aus der Apotheke zum heiligen Josef in Bruck.

»Hat er's genommen, wo der will«, rief der alte Weber hochgemut aus, »wenn's nur hilft!« und begann sich gleich die Stirn einzureiben mit dem Hasenöl.

Hat's geholfen? – Nun, die Wahrheit zu sagen, beim alten Weber-Hartl konnte eine nennenswerte Besserung nicht nachgewiesen werden, hingegen ist mein Vater durch dieses Hasenöl klüger geworden, obschon er sich damit gar nicht eingerieben hatte. Er hat wohl auch in späterer Zeit noch manches Küblein Schweinsfett, manches Bündlein Wurzeln und Kräuter in die Apotheke geschickt – holen aber ließ er nichts mehr aus ihr. – Das für alles heilsame »Hasenöl« hat uns für alle Zukunft geheilt.

Fronleichnam

Der Fronleichnamsaltar

Wenn der siegreiche Heiland in Brotgestalt durch das Dorf zieht, da winken sie ihm mit Palmen zu. Die Palme der Alpen ist die Birke. So wie zu Weihnachten die Tannenbäumchen ihr Leben lassen müssen, so zu Fronleichnam die Birken. Zu Hunderten werden sie auf großen Karren herbeigeschleppt in das Dorf und werden an den Gassen, durch welche die Prozession ziehen wird, der Reihe nach in den Boden gebohrt zu beiden Seiten. Und wie sie so auf dem frischen Erdboden stehen und der laue Wind in ihren leichten Zweigen rieselt, da ist's, als führten sie das junge fröhliche Leben, wie jene Stammesgenossinnen dort drüben am Haine. Und man merkt es nicht, daß der Stamm in der Erde wurzellos ist, abgehauen durch das Beil, daß die Säfte in ihren Adern nicht mehr treiben, daß in wenigen Tagen die schönen, gezackten Herzblättlein gilben werden; und die Raupe auf einem schwanken Ästlein, die ein künftiges Schmetterlingsleben träumt, sie ahnt nicht, daß sie auf einem Leichnam sich schaukelt.

Das Leben ist erfüllt, es kommt der Herr.

Bei der Fronleichnamsprozession werden im Freien an vier verschiedenen Stellen die Evangelien gelesen. Dazu errichten die Leute vier Altäre, damit »der Herrgott abrasten kann auf seiner Wanderschaft«. Auf wessen Grund der Altar zu stehen kommt, und das ist seit alten Zeiten bestimmt, der hat diesen Altar zu errichten. Die hübsch geschnitzten und bemalten Bestandteile dazu sind das Jahr über auf dunklem Dachboden gelegen, nun werden sie hervorgeholt, von Staub und Spinnweben gereinigt und im Freien zusammengestellt, oft zu einem stattlichen, kapellenartigen Aufbau mit dem Altartische, dem Tabernakel, den anbetenden Engeln und den Kerzenleuchtern. Knechte, die gestern noch Dung gegraben, zeigen sich heute als geschickte Architekten, errichten den Altar noch vor Sonnenaufgang und umgeben ihn mit einem Birken- oder Lärchenwäldchen. Der Hausvater stellt alle Heiligenbilder, die im Hause vorhanden, auf den Altar oder heftet sie an, hoch oben an den Säulen. Die Bäuerin bringt bunte Töpfe mit glutroten Pfingstrosen, um damit den Altar zu schmücken, und die Mädchen streuen Blumen und Rosenblätter als einen Teppich vor die Stufen.

Die Glocken heben an zu läuten, die Böller krachen, über die

Dächer her klingt Musik, in allen Fenstern brennen Lichter, und so zündet nun auch der Bauer die Kerzen an auf seinem Altare. Bald wehen die ersten Fahnen heran, summen die Gebete der Männer, schallen die Gesänge der Frauen, es kommen die langen Reihen der Kinder, die weißgekleideten Mädchen, über ihren Häuptern bunte Bildnisse tragend. Endlich die Musikkapelle mit hellen Trompeten und dröhnenden Trommeln, und dann der »Himmel«. Der rote, von vier Männern getragene Baldachin, unter demselben, von Ministranten und lichtertragenden Knaben umgeben, der Priester, der hoch vor seinem Angesichte her die funkelnde Monstranz trägt.
Die Monstranz, das wissen wir alle, ist das Haus für die Hostie. Diese ist von einem goldenen Strahlenkranze umgeben, ruht auf einem mondzipfelförmigen Behälter und ist durch Kristall geschützt. Das wichtigste Zubehör zu solchem Umzug ist der Glaube, und der ist in Fülle vorhanden.
Die Menschenreihen kommen zum Altare im Freien, die vorderen müssen weit voran, bis der Priester an die Stelle gelangt. Ist er da, so stellt er das Sakrament in den Tabernakel und liest Verse aus einem der vier Evangelien. Dann hebt er unter dem Dröhnen der Böller die Monstranz, wendet sich mit ihr nach allen vier Himmelsgegenden hin und segnet die Auen, die Fluren, die Lüfte, auf daß der Sommer fruchtbar sei und kein Ungewitter den Fleiß des Landmannes vernichte. – Und die Prozession zieht weiter.
So ist es in größeren Dörfern. In kleinen Gebirgsortschaften wird das Fest einfacher abgehalten, doch nicht minder feierlich. Weil dort alle Gassen und Straßen bestanden sind von lebenden Bäumen und Sträuchern, so braucht keine Birke aufgesteckt zu werden, außer an Kreuzsäulen, wo sie dann

gleichsam wie zur heiligen Wacht stehen, eine zur Rechten und eine zur Linken. Weil die Leute kleiner Ortschaften nicht vier Altäre haben, um sie aufzustellen, so ist ein tragbares Altärlein vorhanden, ein vierfüßiges Tischchen mit weißem Decktuche und der Tabernakelnische, an welche auf blauem Grunde Engel gemalt sind, die vor dem »Süßen Namen« knien. Darüber ein Dächlein mit Goldquasten. An der Rückseite sind die Tragbänder angebracht, mittels welcher ein Bursche das Altärlein auf den Rücken nimmt und während der Prozession von einer Evangeliumsstelle bis zur anderen trägt.

So ein Altartischlein haben sie auch zu Kathrein am Hauenstein. Wer es sehen will, zur Sommerszeit steht es dort in der Kirche vor dem großen Bilde der Vierzehn Nothelfer. Schon in meiner Jugendzeit stand es daselbst, und der Kaunigl, der mit der Hasenscharte, hatte die Obliegenheit, am Fronleichnamstage das Tischlein hinauszutragen und von einem Evangeliumsplatz zum anderen. War das eine Evangelium zu Ende und die Prozession zog auf ihrem Wege weiter, allsogleich faßte er das Altärlein bei den Tragbändern auf den Rücken, die Kerzenleuchter und den Knieschemel in die Hände, und hastig über den Hügel hin durch den abstürzenden Waldsteig, um den Vorsprung zu gewinnen und am nächsten Platze den Altar aufzustellen. An den Füßen des Tischchens wurden ein paar Steinchen unterlegt, daß nichts wackeln konnte, der Schemel zurechtgestellt und die Kerzen angezündet, dann war die erste Fahne aber auch schon in Sicht.

Und da ist's einmal geschehen, daß ich aus solchem Anlaß in eine seelenmordende Geschichte verwickelt worden bin. Ich war damals in den Jahren, da noch niemand weiß, wie sich ein solcher Lausbub entwickelt. Es kann ein halbwegs braver Kerl draus werden, aber auch ein Lump, wer weiß es? Nur der liebe Gott, und selbst der läßt dem schlanken blassen Bürschel die Wahl. Ich war an jenem Tage in meinem Waldbauernhause drüben etwas zu spät aufgestanden, oder ich hatte mit den bockigen Bundschuhen meine Plage, bis ich hineinkam, oder es war die Frühsuppe nicht zur rechten Zeit fertig, kurz, als ich in die Nähe der Kathreiner Kirche kam, ging es dort schon über und über los, und zwischen den Bäumen her leuchteten die roten Fahnen, funkelten die Lichter. Ich schlich mich hinterwärts hinüber, denn das einfach Richtige zu tun, nämlich geradewegs auf die Prozession loszugehen und mich unter die Leute zu mischen, dafür hätte ich mich zu Tode geschämt. Da war's ja wieder, wo mir der liebe Gott die Wahl ließ: Geselle dich zu den Andächtigen, oder schlüpfe wie ein Strich durch die Büsche hin. – Ich schlüpfte wie ein Strich durch die Büsche hin, und da begegnete ich dem Kaunigl mit dem Altarl. Sogleich forderte er mich auf, ihm tragen zu helfen. Das war mir auch recht, so kam mein abseitiger Weg zu einer Rechtfertigung. Ich nahm dem Kaunigl Schemel und Leuchter aus der Hand, und wir hasteten zwischen Jungwald hinauf zum Föhrenriegel, der hinter der Kirche steht und wo das letzte Evangelium abgehalten werden sollte. Wir wirkten getreulich zusammen, und bald stand neben der Felswand das Altärlein fest, und bald brannten darauf die Kerzen. Die Prozession erschien noch nicht, sie hatte einen weiteren Weg zwischen die grünenden Felder hin genommen, der Kaunigl-Bub war aber nicht der Mensch, der eine Zeit unnütz verstreichen lassen wollte. Mit einem flinken Griff zog er aus seiner Hosentasche ein Kartenspiel und warf es auf das Altärlein hin, daß die Lichter zwinkerten vor den flatternden Blättern. Schweigend, als wäre es so selbstverständlich, warf er zwischen mir und ihm ein Spiel aus. Es war nicht das erstemal, daß wir zusammen Karten spielten, so hob ich die Karten auf, und wir machten ein regelrechtes Spiel auf dem Fronleichnamsaltare bei weihevoll brennenden Wachskerzen. Für ein zweites Spiel war auch noch Zeit; während der Kaunigl ein drittes ausgab, kamen um die Biegung die ersten Männer mit entblößten Häuptern, laut betend heran. Keine Katze kann die behende Maus heftiger packen, als der Kaunigl jetzt die Karten zusammenscharrte und in die Hosentasche schob. Gar harmlos stellten wir uns auf die Seite und zogen unsere Kappen ab.

Bald kamen die Musikanten heran, der Eggbauer mit dem Flügelhorn, sein Sohn mit der ersten Trompete, der Schneider-Naz mit der zweiten, der Erhard-Bub mit der Klarinette, der Schmied-Zenz mit der kleinen Trommel; der Rüssel-Franz schleppte auf dem Rücken die große Trommel, auf welche der Hausteiner Wirt mit Macht und Kunst dreinhieb. Der Jäger-Ferdl handhabte die »Tschinellen«*. Hinter dieser heftigen Musik kam der Himmel. Der alte Herr Pfarrer mit dem weißen Haar trug das Allerheiligste hoch vor sich her und hielt das Haupt tief geneigt, erstens aus Ehrfurcht und zweitens, weil ihm das Alter den Nacken schon stark gezogen hatte. Er schritt dem Altärlein zu, um die Monstranz auf dasselbe hinzustellen. Schon wollte das geschehen, da hielt er plötzlich ein und stand einen Augenblick mit starrer Miene da. Hatte er nicht zwischen der Falte des weißen Decktüchleins den Grünzehner gesehen? War nicht dieses höllische Kartenblatt dort unversehens liegengeblieben? – Mit solchem Grün den Fronleich-

---

* Becken

namstisch zu schmücken, das wollte dem Herrn Pfarrer doch nicht ganz schicklich scheinen. Ohne ein Wort zu sagen, ohne eine Gebärde des Unwillens zu zeigen, wendete er sich gegen den Felsen und stellte die Monstranz auf einen vorspringenden Stein.

Die wenigsten Leute hatten es wahrgenommen, warum dieses geschehen; das Evangelium, der Segen wurden ohne weiteren Zwischenfall abgehalten, ich aber lugte zwischen den Haselstauden her und sah, daß der Pfarrer blaß war bis an die Lippen. – Wäre er zornig geworden über seine Entdeckung auf dem Altärlein, hätte er gewettert und die Täter bei den Ohren nehmen lassen, ich würde das ganz stilgerecht gefunden haben, aber sein demütiges Schweigen, sein trauriger Blick, und wie er den durch das frevelhafte Kartenspiel heimatlos gewordenen Heiland auf den wilden Felsen hinstellen mußte – das hat mir einen Riß gegeben. Gewußt kann er's nicht haben, wer der Mitschuldige war, aber merken hätte er es leicht können an meinem Armensündergesichte, sosehr dieses sich auch zu verbergen suchte hinter den Haselstauden. Nachher, als in der Kirche das Hochamt anhub, zupfte der Kaunigl mich am Rockschößling und lud mich ein, mit ihm auf den Turm zu steigen, wo wir zum Sanktus und zur Wandlung die Glocken läuten und Karten spielen könnten. Den Grünzehner hätte er schon wieder. – Das ist nun zwar nicht geschehen, aber verloren bin ich doch geblieben. Ich getraute mich von diesem Tage an nicht mehr zum Beichtstuhle. Der Kaunigl getraute sich, es war jedoch nicht so einfach gewesen, als er es sich vorgestellt, er hat mir's später erzählt. »Ich habe einmal Karten gespielt«, hatte er gebeichtet. – »So«, antwortete der Pfarrer, »das Kartenspielen ist ja an und für sich nicht so schlimm, wenn nicht um Geld gespielt wird.« – »Ja, um Geld ist nicht gespielt worden.« – »Wo war es denn?« – »Ja, auf einem Tisch.« – »Auf welchem Tisch?« – »Ja, auf einem hölzernen.« – »War es etwa auf dem Fronleichnamstisch?« fragte der Pfarrer. – »O nein«, sagte der Kaunigl. Dann ist er losgesprochen worden.

»So hast du ja bei der Beichte gelogen!« hielt ich dem Jungen vor.

»Das macht nichts«, antwortete er rasch, »die Lüge bringe ich das nächste Mal leicht wieder an. Wenn ich nur das Kartenspiel vom Hals hab', Teufel noch einmal, das hat mich schon selber gefuchst, da könnt' einen auf die schönste Manier der Teufel holen.«

Ich habe aus dieser Erfahrung meine Schlüsse gezogen. Wenn das Kartenspiel an und für sich nicht so schlimm ist, um Geld wurde nicht gespielt, so braucht man die Geschichte ja nicht zu beichten. Es steht auch weder im Kleinen noch im Großen Katechismus, daß der Mensch auf Altären nicht Karten spielen dürfe. – Diese feine Auslegung half mir aber nichts. Wenn ich an jenen Fronleichnamsfrevel dachte, bei welchem ich so dumm mitgetan, da ward mir manchmal ganz übel. In den Nächten träumte ich davon, und zwar sehr ungemütlich, und sonntags in der Kirche sitzend, durfte ich gar nicht hinblicken auf jenes Altartischchen, es stand so sonderbar da, als wollte es jeden Augenblick laut zu sprechen anheben und mich verraten. Zum Überflusse las ich um diese Zeit auch noch in einem alten Erbauungsbuche die Geschichte, wo ein frevlerischer Schustergeselle im Wirtshause die Wandlung der Hostie nachahmte und wie ihm dabei die gehobenen Arme erstarrten, so daß er sie nicht mehr zurückbiegen konnte, daß er mit hoch in die

Luft gestreckten Armen herumgehen mußte, bis er durch die Lossprechung eines frommen Paters erlöst worden. Das wäre so was, wenn ich mit gehobenen Armen, das Trumpfas in der Hand, umhergehen müßte und die Leute täten spotten: Na, stich, Peterl, stich! Und ich steche endlich zu und steche meine arme Seele tot! Das wäre so was!

Ich allein konnte mit mir nicht fertig werden, das war nun klar. Also ging ich eines Tages in der Feierabendstunde nach Sankt Kathrein zum Pfarrer. Der stand gerade vor dem Hause an seinem Brunnentroge, in welchem ein stattlicher Quell sprudelte und der mit einem rostigen Drahtgitter übersponnen war. Der Pfarrer mochte glauben, daß ich nur so zufällig vorübergehe, er winkte mit seinem schwarzen Strohhut, ich möchte zu ihm kommen. »Was sagst du dazu, Peterl?« rief er mir mit seiner weichen Stimme entgegen. »Neun und fünf und sieben, macht das nicht einundzwanzig?«

Ich war nie ein besonderer Kopfrechner, diesmal sagte ich auf gut Glück: »Ja, das wird schon so sein, einundzwanzig.«

»Nun also«, sagte er, »und jetzt schau einmal her«, er deutete in den Brunnentrog, »da hat mir der Blasler-Bub vor vierzehn Tagen neun lebendige Forellen verkauft, die habe ich in den Trog getan. Vor acht Tagen hat er mir wieder fünf Stück verkauft, habe sie auch hineingetan, und heute hat er mir noch einmal sieben Forellen verkauft, die habe ich auch hineingetan, und jetzt, wieviel sind drinnen im ganzen? Acht Stück, und nicht um ein Schwanzel mehr! Und ich kenn's, es sind dieselben, die er mir vor vierzehn Tagen gebracht hat, und es kann gar nicht anders sein, der Lump, hätt' ich bald gesagt, hat mir die Fische immer wieder aus dem Trog gestohlen und neuerdings verkauft! Das ist doch ein – ein –« Er ballte die Faust in die Luft. – Der Blasler-Bub wird die Forellen wohl schon gestohlen gehabt haben, bevor er sie das erstemal verkaufte, denn der Blasler hatte gar kein Fischrecht. Daran dachte der gute Pfarrer wohl kaum, er hatte sicherlich nur an seine Fasttage gedacht; das Kirchengebot erlaubt an Freitagen und Samstagen die Fische, ob es aber gestohlene sein müssen, davon schweigt es.

Zum Sündenbekennen war diese Gelegenheit nicht günstig. Ich unterließ es also, küßte ihm den Rockärmel, weil zu einem Handkuß die Faust nicht einlud, und ging weiter. Unterwegs erwog ich lange, welche Sünde schwerer sein mochte, des Blasler-Buben seine oder meine. Die seinige erschien mir als ein Schelmenstück, die meinige jedoch konnte eine Sünde gegen den Heiligen Geist sein, und solche werden nicht vergeben.

Einige Tage später trieb der Kogel-Wirt vom Kreßbachgraben eine graue Ziege mit zwei Zicklein des Weges. Die Alte hatte ein volles Euter, die Jungen hüpften um sie herum und wollten einmal ein wenig trinken. Der Kogel-Wirt aber zischte: »Scht, nichts da! Das volle Euter müss'n mer dem Herrn Pfarrer bringen!«

Da war ich schon wieder neugierig, was dahinter wäre, und der Wirt, ein gewanderter Tiroler war's, hatte auch noch seinen spitzen »Sternstecherhut« auf, und er sagte: »Das ischt halt so, mein Bub, 's Weib ischt mir g'schtorben. Die Geiß, hat sie g'sagt, und die Kitzen, hat sie g'sagt, vermach' iach dem Kathreiner Pfarrer. Das ischt noch ihr Willen g'west, und nachher ischt sie g'schtorben. Dessen weg treib' iach jetzter die Viecher zum Pfarrer abi.«

Gut, denke ich bei mir, und in einer Stunde komme ich nach!

Heute wird er gut aufgelegt sein, und heute ist die beste Gelegenheit. War insoweit ganz klug überlegt. Ich ging hin, der alte Herr war an demselben Nachmittage gar lustig und lud mich ein, eine Schale Kaffee mit ihm zu trinken, es wäre frische Milch vom Kreßbachgraben dabei. Und mitten im Kaffee war's, daß ich plötzlich sagte: »Halt schon lang ein Anliegen hab' ich, Herr Pfarrer!«

»Du, ein Anliegen?« lachte er auf. »Na, das wäre sauber, wenn nun auch die Buben schon ihr Anliegen hätten!«

Ich habe mit dem Löffel in der Schale eifrig den Kaffee gerührt, um dem Herrn nicht ins Gesicht schauen zu müssen, und dabei habe ich die Geschichte vom Kartenspiel auf dem Altarl erzählt.

Über alles Erwarten blieb der Pfarrer ganz ruhig. Dann fragte er: »Hast du es mit Fleiß getan? Hast du die Absicht gehabt, den heiligen Tisch zu verspotten?«

»Gott, nein, Herr Pfarrer!« antwortete ich, bis ins Herz hinein erschrocken schon über den bloßen Gedanken.

»Nun also«, sagte der Greis. Dann schwieg er ein Weilchen und trank seinen Kaffee aus. Hernach sprach er folgendes: »Gehören tut sich so was nicht, das muß ich dir schon sagen. Und dem Kaunigl will ich's auch zu wissen tun, daß man zum Gottesdienst das Gebetbuch mitnimmt und nicht die Spielkarten! Wenn du aber bei dem dummen Streich keine böse Absicht gehabt hast, so soll's diesmal gut sein. Ist so weit brav, daß du mir's gesagt hast. Magst noch ein Tröpfel?«

Als somit jene Fronleichnamsangelegenheit aufs beste geordnet war, hat die zweite Schale Kaffee doppelt so gut geschmeckt. Als ich später aufstand, um fortzugehen, legte der alte Herr mir die Hand auf die Achsel und sagte gütig: »Mir ist jetzt leichter, weil ich genau weiß, wie es gewesen ist an jenem Fronleichnamstag. Aber ein andersmal mußt nicht, Peterl. Schau – unser lieber Herrgott . . .!«

Sonnenwende (21. Juni)

Dreihundertvierundsechzig und eine Nacht

Das Zicklein war dahin.

Aber mein Vater hatte noch vier große Ziegen im Stalle stehen, so wie er vier Kinder hatte, welche zu den ersteren stets in enger Beziehung standen. Jede der Ziegen hatte ihren kleinen Futtertrog, aus dem sie Heu oder Klee fraß, während wir sie molken. Keine einzige gab die Milch am leeren Trog. Die Ziegen hießen Zitzerl, Zutzerl, Zeitzerl und Heitzerl und waren, eben auch einer schönen Schenkung zufolge, das Eigentum von uns Kindern. Das Zitzerl und das Zutzerl gehörten meinen zwei Schwesterchen; das Zeitzerl meinem achtjährigen Bruder Jakoberle, das Heitzerl war mein!

Jedes von uns pflegte und hütete sein ihm zugeteiltes Tierchen in Treue; die Milch aber taten wir zusammen in einen Topf, die Mutter kochte sie, der Vater schenkte uns dazu die Brotschnitten – und Gott der Herr hat uns den Löffel Suppe gesegnet.

Und wenn wir so mit den breiten Holzlöffeln, die unser Oheim geschnitzt hatte und die ihrer Ausdehnung wegen fürs erste kaum in den Mund hinein –, fürs zweite kaum aus demselben herauszubringen waren, unser Nachtmahl ausgeschaufelt hatten, so nahmen wir jedes unsere Roßhaardecke und legten uns,

eins wie's andere, in den Futtertrog der Ziegen. Das waren eine Zeitlang unsere Betten, und die lieben Tiere befächelten uns mit ihren weichen Bärten die Wangen und beleckten uns die Näschen.

Aber, wie wir Kindlein auch in der Krippe lagen, so kam das Einschlafen auch nicht just immer nach dem ersten Lecken. Ich hatte von unserer Ahne eine Menge wundersamer Geschichten und Märchen im Kopfe. Die erzählte ich nun in solchen Abendstunden, und meine Geschwister waren darüber glückselig, und die Ziegen hörten auch nicht ungern zu; nur daß diese dann und wann, wenn ihnen das Ding gar zu unglaublich vorkam, so ein wenig vor sich hin meckerten oder mit den Hörnern ungeduldig an den Trog pufften. Einmal, als ich von der Habergais erzählte, die, wenn sie um Mitternacht auf dem Felde schreit, den Haber* schwarz macht und die nichts frißt

* Hafer

als die grauen Bärte alter Kohlenbrenner, da begann mein Heitzerl dermaßen zu meckern, daß die anderen drei auch mit einstimmten, bis meine Geschwister schließlich in ein fürchterliches Gelächter ausbrachen und ich wie ein überführter Aufschneider erbärmlich schweigen mußte.

Von derselben Zeit an erzählte ich meinen Schlafgenossen lange keine Geschichten, und ich nahm mir vor, mit dem Heitzerl mein Lebtag kein Wort mehr zu reden.

Da kam der Sonnwendtag. An diesem Tage kochte uns die Mutter den üblichen Eierkuchen, mein liebstes Essen auf der Welt. In diesem Jahre aber hatte uns der Geier die beste Legchenne geholt, so wollte sich das Eierkörblein nicht mehr füllen, und als am Sonnwendtag der Kuchen kam, war er winzig klein. Wehmütig lugte ich hin auf den Holzteller.

Mein fünfjähriges Schwesterchen guckte mich an, und wie wenn es meine Sehnsucht wahrgenommen hätte, rief es plötzlich: »Du, Peterl, du! Wenn du uns ein ganzes Jahr in jeder Nacht eine Geschichte erzählen magst, so schenk' ich dir meinen Teil von dem Kuchen!«

Diesem hochherzigen Verzicht der Kleinen stimmten seltsamerweise auch die anderen bei, und sie patschten in die Händchen, und – ich ging die Bedingung ein. So stand ich denn plötzlich am Ziele meiner Wünsche.

Ich nahm meinen Kuchen unter die Jacke hinein und ging damit in die Milchkammer, wo mich niemand sehen und stören konnte. Dort verriegelte ich die Tür, setzte mich auf einen umgestülpten Zuber und ließ meine zehn Finger und das wohlgeordnete Heer meiner Zähne über den armen Kuchen los.

Aber nun kamen die Sorgen; daß meine Geschwister strenge

auf ihrer Forderung bestehen würden, daran konnte kein Zweifel abwalten. Ich ging auf meinen Hirtenzügen jeden Pechsieder, Kohlenbrenner, Viehhirten und jedes wohlerfahrne Weiblein, wie ich's im Wald und auf der Heide traf, um eine Geschichte an. Es waren ergiebige Quellen, und ich war jeden Abend in der Lage, meiner Schuldigkeit nachzukommen. Mitunter allerdings war's ein Elend, bis ich was Neues auftrieb, und nach einer Zeit geschah es nicht selten, daß das Schwesterlein mich unterbrechend von seinem Trog herüberrief: »Du! Die wissen wir, die hast uns schon erzählt!«

Ich sah wohl, daß ich auf neue Wege sinnen mußte, und war daher bemüht, das Lesen besser zu lernen, um aus manchen Geschichtenbüchern, wie sie in den Waldhütten nutzlos auf den rußigen Wandgestellen herumlagen, Schätze zu ziehen. Nun hatte ich neue Quellen: die Geschichte von der Pfalzgräfin (das Jakoberle sagte immer Schmalzgräfin) Genovefa; die vier Heimonskinder; die schöne Melusina; Wendelin von Höllenstein – ganz wunderbare Dinge zu Dutzenden. Da sagte mein Bruder wohl oft aus seiner Krippe heraus: »Mein Kuchen reut mich gar nicht! Das ist wohl so viel unmöglich schön. Gelt, Zeitzerl?«

Nun wurden die Abende zu kurz, und ich mußte eine solche Geschichte in Fortsetzungen geben, womit aber Klein Schwesterchen schier nicht einverstanden sein wollte, denn es behauptete, in jeder Nacht eine *ganze* Geschichte! So sei es ausgemacht.

So verging das Jahr. Ich erwarb mir nach und nach eine gewisse Fertigkeit im Erzählen und tat es sogar hochdeutsch, wie es in den Büchern stand! Oft geschah es auch, daß sich während des Erzählens meine Zuhörer tief in die Decken vergruben und vor

Schauer über die Räuber- und Geistergeschichten zu stöhnen anhuben; aber aufhören durfte ich doch nicht.

Es war schon wieder der Sonnwendtag nahe und mit ihm die Lösung meines Vertrages. Doch – ein schlimmes Schicksal! – noch vor dem letzten Abend ging mir gänzlich der Faden aus. Alle meine Erinnerungen, alle Bücher, deren ich habhaft werden konnte, alle Männlein und Weiblein, denen ich begegnete, waren erschöpft – alles ausgepumpt – alles hoffnungslose Dürre. Bat ich meine Geschwister: »Morgen ist der letzte Abend – schenkt ihn mir!«, war ein Geschrei: »Nein, nein, nichts schenken! Du hast deinen Sonnwendkuchen 'kriegt!« Sogar die Ziegen meckerten mit.

Am nächsten Tage ging ich herum wie ein verlorenes Schaf. Da kam mir plötzlich der Gedanke: Betrüge sie! Dichte was zusammen! Aber allsogleich schrie das Gewissen drein: Was du erzählst, das muß wahrhaftig sein! Du hast den Kuchen wahrhaftig bekommen!

Doch geschah im Laufe dieses Tages ein Ereignis, von dem ich hoffte, daß es im Drange der Aufregung mich meiner Pflicht entbinden würde.

Mein Bruder Jakoberle verlor sein Zeitzerl. Er ging jammernd über die Heide, er ging in den Wald und suchte weinend und rufend die Ziege. Aber endlich spät am Abend brachte er sie heim. Ruhig aßen wir unsere Suppe, gingen in unsere Krippen, und von mir wurde die Geschichte verlangt.

Es war still. Die Zuhörer harrten in Erwartung. Die Ziegen scharrten im Wiederkäuen mit den Zähnen.

Nun denn, so sollen sie die Geschichte haben.

Ich sann – – ich begann:

»Es war einmal ein großer, großer Wald gewesen. Und in dem

Wald war es allweg finster gewesen. Keine Vöglein haben gesungen: Nur der Totenvogel hat geschrien. Wenn aber doch die andern Vögel auch gesungen, da haben auf den Bäumen alle Äste und alle Blätter vieltausend Tränen geweint. Mitten in diesem Wald ist eine Heide, wie der Totenacker so still, und wer über dieselbe hingeht und nicht umkehrt, der kommt nicht mehr zurück. Über diese Heide sind einmal zwei blutige Knie gegangen.«

»Jesses Ma–!« rief mein älteres Schwesterlein aus, und alle drei krochen unter die Decken.

»Ja, zwei blutige Knie«, fuhr ich fort, »und die sind über die Heide dahingeschwebt gegen den finsteren Wald, wie eine verlorne Seel'. Aber auf einmal sind die zwei blutigen Knie –«

»Ich schenk' dir mein blaues Hosenband, wenn du still bist!« jammerte mein Bruder angstvoll und verbarg sich noch tiefer in die Decke.

»– sind die zwei blutigen Knie stillgestanden«, fuhr ich fort, »und auf dem Boden ist ein Stein gelegen, so weiß wie ein Leichentuch. Dann sind zwei funkelnde Lichtlein gewesen zwischen den Bäumen, und darauf sind vier andere blutige Knie dahergeschwebt –«

»Mein neues Paar Schuhe schenk' ich dir, wenn du aufhörst!« hauchte das Jakoberle in seinem Trog und zog aus lauter Furcht das Zeitzerl am Barte zu sich.

»Und so sind alle sechs zusammen gegangen durch den finsteren Wald und hinaus auf die Heide und über das Haferfeld herab zu unserem Hause – und herein in den Stall –«

Jetzt kreischten alle drei auf, und sie wimmerten und wußten ihrer Angst kein Ende, und Klein Schwesterlein versprach mir mit Zagen seinen Teil von dem auch heuer wieder zu erwar-

tenden morgigen Sonnwendkuchen, wenn ich aufhöre. Ich aber fuhr fort:
»Jetzt – na, jetzt hab' ich zum Anfang zu sagen vergessen, daß die zwei ersten blutigen Knie unserem Jakoberle und die vier letzteren seinem Zeitzerl gehört haben – wie sie heut im Wald herumgegangen sind.«
Brach auf einmal das Gelächter los. »Jeder Mensch hat zwei blutige Knie!« rief Schwesterlein, und die Ziegen meckerten, daß es ein Jubel war.
Ich hatte meine Rolle ausgespielt. Dreihundertvierundsechzig Nächte lang hatte ich geglänzt als weiser, wahrhaftiger Geschichtenmann; die dreihundertfünfundsechzigste hatte mich entlarvt als argen Schwätzer.
Das Versprechen in betreff des zweiten Sonnwendkuchens wurde rückgängig gemacht; Schwesterlein erklärte, die Zusage sei nichts als Notwehr gewesen.
Und die Gläubigkeit meines Publikums hatte ich mir verdorben ganz und gar, und wenn es in Zukunft an irgendeinem Erzählten seinen Zweifel ausdrücken wollte, so rief es einstimmig: »Aha, das ist wieder ein blutiges Knie!«

Peter und Paul (29. Juni)

Als ich auf den Taschenfeitel wartete

Als ich den Kommunionsunterricht hinter mich gebracht hatte, gab es für mich eine herrliche Zeit. Nun war ich nicht mehr das unbedeutende Waldbauernbüblein, sondern vielmehr der junge Gottesgelehrte, der dem Pfarrer hatte sagen können, was christkatholisch glauben heißt, was zur Seligkeit notwendig ist, worin die christliche Gerechtigkeit besteht und was der heilige Paulus über die Ehe gesagt hat. Die Bauern, in deren Gegenwart solche Fragen beantwortet worden waren, haben sich nur darüber gewundert, daß der Pfarrer mich nicht auf der Stelle zum Priester geweiht; vielleicht, meinte der Hösel-Hans, weiß er ihm zu viel, der Peterl, so daß er gleich zum Papst gewählt werden müßte, und dazu wäre der Bub doch um etliches zu jung.

Zehn Jahre war ich alt. Um diese Zeit hat der Mensch noch eine Menge Vettern. Einer von diesen – der Vetter Jakob wird's gewesen sein – tuschelte mir ins Ohr: »Wart, Peterl, bis dein Namenstag kommt, kriegst was von mir – was Schönes! Extra was, weil du's so brav hast gemacht, allen Verwandten eine Ehr'! Einen Taschenfeitel, wenn du magst!« – Ja, Vetter Jakob, den mag ich! jubelte es in mir auf, und von der Stunde an begann ich mich unbändig zu freuen auf den Taschenfeitel. Wenn man so einen hat, da kann man nachher was! Man kann Peitschenstecken abschneiden, man kann aus Kiefernrinden Rössel schnitzen, man kann aus Spänen Kreuzeln machen und sie ans Haustor heften, man kann Pfeil und Bogen herrichten, man kann auf dem Felde die Rüben ausziehen und sie abschälen und hübsch stückweise in den Mund stecken, man kann den Forellen die Köpfe wegschneiden, bevor man sie in die Bratglut wirft, kurz man kann alles mögliche tun, wenn man einen Taschenfeitel hat. Jede Nacht träumte ich vom Taschenfeitel mit dem gedrechselten gelben Heft, bis der Namenstag endlich herangekommen war. Am Vorabende, als sie mir mit Kübeln, Pfannen, Topfdeckeln und Feuerzangen die übliche Namenstagsmusik gemacht hatten, kehrte ich mich nicht viel drum, mein ganzes Wesen erfüllte der Gedanke: »Morgen hast du deinen Taschenfeitel.«

Am nächsten Tag in der Früh, als die Wände des Hauses im Morgenrote leuchteten, strich ich schon draußen auf dem taufrischen Anger herum und guckte zwischen Bäumen und Sträuchern hin nach allen Seiten aus, ob nicht der Vetter Jakob dahersteige. In die Stube zurückgekehrt, gab's dort eine Überraschung. An die Namenstagstrauben hatte ich gar nicht gedacht. Die Mutter hatte sie mir heuer mit besonders viel Weinbeerlein ausgestattet; ich steckte sie in großen Brocken rasch in den Mund, um die Finger abgeschleckt zu haben und bereit zu sein, wenn der Vetter Jakob mit dem Taschenfeitel käme. Die Stubentür ging auf, der Vater trat herein, ging langsam auf mich zu: »Dem Namenstagsbuben muß man doch eine neue Kappen aufsetzen!« und streifte mir eine buntgestreifte Zipfelmütze mit einer schönen Quaste über die Ohren. Fast wollte

er sie in guter Laune mir auch über die Augen ziehen, ich wehrte mit den Händen ab, die Augen müssen frei bleiben, wenn der Vetter Jakob kommt!
Jetzt erschienen meine Geschwister. Der Jackerle brachte von seiner Henne, er besaß eine, drei Eier, die Plonele verehrte mir ein Sträußlein aus frischen Nelken und Reseden und einen Kreuzer dazu; die Mirzele schluchzte in ihr Schürzlein, weil sie nichts hatte, worauf ihr meine Mutter eine hölzerne Perlenschnur gab, damit sie mir dieselbe schenken konnte, und ich sollte damit nur fleißig rosenkranzbeten. »Der Hund bellt!« rief ich und horchte erwartungsvoll, ob die schweren Schuhe des Vetters Jakob nicht draußen zu hören seien. Man hörte so was. Die Grablerin-Godel* kam daher, ganz schüchtern kam sie zur Tür herein und stellte auf die Ofenbank einen großen Handkorb. »Für den braven Namenstagsbuben«, flüsterte sie und begann auszupacken. Zwei große Krapfen und ein braunglänzendes Honigtöpflein und etliche Kaiserbirnen; irgendwo auf der Welt mußten sie also schon reif sein. Und endlich ein Päcklein mit nagelneuem Herbstgewand: grünausgeschlagenes Jöpplein, roter Brustfleck, braunseidenes Halstüchlein, schwarzes Lederhöslein; ich fuhr allsogleich mit der Hand in den Hosensack: »Da tu ich den Taschenfeitel hinein!« Ein paar Schuhe noch und ein Filzhütlein mit Hahnenfeder. »All's z'viel ist's, Schwägerin!« rief meine Mutter aus. –»Da tu' ich den Taschenfeitel hinein!« wiederholte ich immer wieder.
»Wenn er geistlich wird, soll er einmal eine Messe für mich lesen«, antwortete die Godel bescheiden.
Während die Mutter der Spenderin eine Eierspeise buk, um sie

* Taufpatin

zu ehren, und ich dann eingeladen wurde mitzuessen, kamen erst unsere Mägde daher. Die Kathel brachte mir ein kirschrotes Sacktüchlein, die Traudel ein Paar Wollsocken, die sie selber gestrickt hatte, die Rosel ein Lebkuchenherz mit Bildchen darauf, wo in einem güldenen Körblein zwischen Rosen ein Liebespaar saß. Der alte Steffel brachte mir ein Kränzlein Zithersaiten; die Zither selber bringe er später, wenn er sie selber erst bekommen hätte. Er habe einen Bruder, und wenn dieser einmal sterbe, dann erbe er die Zither, und dann bekäme sie der Namenstagsbub, und dieweilen möge der halt mit den Saiten fürlieb nehmen, die ja auch sehr schön wären. Der ganze Tisch war schon voller Sachen, als noch der Stallbub Michel mit einem Napf frisch gepflückter Kirschen daherkam.
»Aber Bübel!« schrie meine Mutter voller Glück. »Dich mauern sie heut in lauter gute Sach' ein! Das ist doch aus der Weis', da mußt jetzt wohl recht zum Bravsein schauen.«
Ich ging von einem Fenster zum andern. Draußen waren Torsäulen und die Bäume und die Büsche, und auf dem Anger die Schafe, der Vetter Jakob aber ... Endlich wackelte über die Wiese etwas daher. Der dicke Vetter Martin kam und hatte ein hölzernes Trühlein bei sich. Während er es in der Stube langsam auftat, redete er zu mir: »Du, Peterl, wann du etwa doch nit Papst solltest werden, so rat' ich dir, werd ein Zimmermann, da geht's dir auch gut. Zimmerleut' braucht man alleweil, und gibt's Geld und gut' Essen. Und deswegen hab' ich gemeint, ich wollt' dir mein altes Zimmermannswerkzeug schenken; ich brauch' es nimmer, weil ich mir neues zugelegt hab'. Sollt' das Zeug zu rostig sein und Scharten haben, so tust es halt ein wenig schleifen, und ich wünsch' dir einen glückseligen Namenstag.« Bohrer, Stemmeisen, Hobel, Reifmesser,

das war schon was! Jetzt, wenn nur noch der Vetter Jakob mit dem Taschenfeitel tät' kommen!
Statt dessen kam der Firmpate, der gute Simon Miesebner, mit einem weißen Lämmlein, und als er das meckernde Tier vor mir auf die Bank stellte, schlug meine Mutter die Hände über dem Kopf zusammen: »Das Christkindel selbst könntest sein, Bub, soviel tragen sie dir zu! Na geh, das ist zuviel, das bist doch nit wert!«
Ich streichelte das weiche Lämmlein und schielte dabei mit einem Auge zum Fenster hinaus.
Beim Mittagsmahl gab's meine Lieblingsspeisen, ich konnte nichts essen. Ich saß im neuen Herbstgewandel da, steckte meine Hände in die Taschen; allerlei war schon drinnen, nur kein Taschenfeitel.
Nachmittags kam weiterer Besuch. Da kamen ein paar Schul-

kameraden aus Kathrein herüber. Der eine hatte eine Sammlung von Hosenknöpfen aus Horn und aus Messing und aus Stahl. Von einigen Gattungen, wovon er mehrere hatte, schenkte er mir zum Namenstag. Ein anderer verehrte mir eine Schachtel mit den damals neuen Streichhölzern, warnte mich aber so lange vor dem »Zündeln«, bis mir eins aufzischend an den Fingern brannte, daß ich es entsetzt von mir warf. Der Nachbarn Thomerl-Bub schenkte mir ein Handschlittlein mit dem Vorbehalte, ihm selbiges im Winter, sooft Schneebahn wäre, wieder zurückzuleihen. Den Thomerl-Buben fragte ich hierauf nur, ob er den Vetter Jakob kenne.

Der alte Schuster-Ernst brachte ein Büchlein über Obstbaumzucht; bei uns wuchsen aber nur Wildkirschen und Holzäpfel. Die Näherin Leni schickte durch ihr Dirndl den »Himmelschlüssel«. Das war ein Gebetbüchlein für die armen Seelen im Fegefeuer. Mir machte derlei keinen Spaß, ich dachte nur an den Vetter Jakob. Ich hatte den ganzen Tag nichts zu arbeiten gebraucht, aber warten ist schwerer als arbeiten!

Gegen Abend kam des Nachbars Hieserl und schenkte mir eine Mundharmonika, an welcher zwar einige Zünglein fehlten, doch blies ich darauf das »Großer Gott wir loben dich!« und dachte dabei: Bis auch der Taschenfeitel da ist, nachher tut sich's!

Es tut sich auch so! mochte die Jungmagd Rosel gemeint haben; das von mir geblasene »Te Deum laudamus« für einen Walzer haltend, packte sie mich um die Mitte und hopste mit mir eins über den Anger.

»Ist das schon die Papsteinweihung?« fragte plötzlich jemand hinter mir, und eine Hand hatte mich am Rockkragen gefaßt. Der Vetter Jakob! – Vor Freudenschreck fiel mir die Mundharmonika von den Lippen in das Gras.

»Wir müssen doch einen Namenstagsball haben!« suchte die Rosel das Tänzlein zu rechtfertigen.
»Christi Heustadl!« rief der Vetter lustig aus. »Heut ist zuletzt gar dem Peterl sein Namenstag! – Wenn das ist, da muß man wohl –« Er bohrte seine Hand in den Sack, zerrte gemächlich ein ledernes Beutelein heraus, nestelte an demselben herum und klaubte mir ein funkelndes Silbergröschlein hervor. »So, Bübel, das tust in dein Sparbüchsel, und bleib halt schön gesund und brav, daß deine Eltern mit dir eine Freud' haben. Und ich muß wieder los, sonst komm' ich ins Finstere.«
Daraufhin ist er mit Stock und Füßen weit ausschreitend fortgegangen. – Und mein Taschenfeitel?
Am Abend, als in der Stube das Spanlicht aufgesteckt wurde, was war da für ein stolzes Eigen! Mein Gewandtrühlein, mein Winkelkastel, die Wandregale ringsum voller Sachen. Sie standen, lehnten, lagen, hingen da, teils noch in blaues Papier geschlagen, teils in hellen Farben auf mich herlachend. Und ich? Ich bin in meinem Leben selten so traurig gewesen, als an jenem Namenstagsabend. Sachen von zehnfacher Güte und Schöne hatte ich bekommen, sie machten mir kein Vergnügen, denn sie waren nicht erwartet worden, für sie war in dem kindischen Herzlein kein Platz vorgerichtet worden, sie waren mir gleichgültig. Und der eine einzige, der heiß begehrte und sehnsuchtsvoll erwartete, der, an den schon so viele Vorstellungen und Absichten geknüpft waren, der Taschenfeitel ist nicht gekommen.
So geht es auf dieser Welt. Nicht darauf kommt es an, daß man ein argloses Menschenkind mit Schätzen überhäuft, als vielmehr einzig nur darauf, daß man seinen oft recht bescheidenen Wunsch erfüllt.

Sommer

Als ich das erste Mal auf dem Dampfwagen saß

Mein Pate, der Knierutscher Jochem – er ruhe in Frieden! – war ein Mann, der alles glaubte, nur nicht das Natürliche. Das wenige von Menschenwerken, was er begreifen konnte, war ihm Hexerei und Teufelsspuk. – Der Mensch, das bevorzugteste der Wesen, hat zum Beispiel die Fähigkeit, das Rindsleder zu gerben und sich Stiefel daraus zu verfertigen, damit ihn nicht an die Zehen friere; diese Gnade hat er von Gott. Wenn

der Mensch aber hergeht und den Blitzableiter oder gar den Telegraphen erfindet, so ist das gar nichts anderes als eine Anfechtung des Teufels. – So hielt der Jochem den lieben Gott für einen gutherzigen, einfältigen Alten (ganz wie er, der Jochem, selber war), den Teufel aber für ein listiges, abgefeimtes Köpfchen, dem nicht beizukommen ist und das die Menschen und auch den lieben Gott von hinten und vorn beschwindelt.
Abgesehen von dieser hohen Meinung vom Luzifer, Beelzebub (was weiß ich, wie sie alle heißen), war mein Pate ein gescheiter Mann. Ich verdankte ihm manches neue Linnenhöslein und manchen verdorbenen Magen.
Sein Trost gegen die Anfechtungen des bösen Feindes und sein Vertrauen war die Wallfahrtskirche Mariaschutz am Semmering. Es war eine Tagreise dahin, und der Jochem machte alljährlich einmal den Weg. Als ich schon hübsch zu Fuße war (ich und das Zicklein waren die einzigen Wesen, die mein Vater nicht einzuholen vermochte, wenn er uns mit der Peitsche nachlief), wollte der Pate Jochem auch mich einmal mitnehmen nach Mariaschutz.
»Meinetwegen«, sagte mein Vater, »da kann der Bub gleich die neue Eisenbahn sehen, die sie über den Semmering jetzt gebaut haben. Das Loch durch den Berg soll schon fertig sein.«
»Behüt uns der Herr«, rief der Pate, »daß wir das Teufelszeug anschaun! 's ist alles Blendwerk, 's ist alles nicht wahr.«
»Kann auch sein«, sagte mein Vater und ging davon.
Ich und der Pate machten uns auf den Weg; wir gingen über das Stuhleckgebirge, um ja dem Tale nicht in die Nähe zu kommen, in welchem nach der Leut' Reden der Teufelswagen auf und ab ging. Als wir aber auf dem hohen Berg standen und hinabschauten in den Spitalerboden, sahen wir einer scharfen

Linie entlang einen braunen Wurm kriechen und darüber ein Rauchwölklein schweben.
»Jessas Maron!« schrie mein Pate. »Das ist schon so was! Spring Bub!« – Und wir liefen die entgegengesetzte Seite des Berges hinunter.
Gegen Abend kamen wir in die Niederung, doch – entweder der Pate war hier nicht wegkundig, oder es hatte ihn die Neugierde, die ihm zuweilen arg zusetzte, überlistet – anstatt in Mariaschutz zu sein, standen wir vor einem ungeheuren Schutthaufen, und hinter demselben war ein kohlfinsteres Loch in den Berg hinein. Das Loch war schier so groß, daß darin ein Haus hätte stehen können, und gar mit Fleiß und Schick ausgemauert; und da ging eine Straße mit zwei eisernen Leisten daher und schnurgerade in den Berg hinein.
Mein Pate stand lange schweigend da und schüttelte den Kopf; endlich murmelte er: »Jetzt stehen wir da. Das wird die neumodische Landstraßen sein. Aber derlogen ist's, daß sie da hineinfahren!«
Kalt wie Grabesluft wehte es aus dem Loche. Weiterhin gegen Spital in der Abendsonne stand an der eisernen Straße ein gemauertes Häuschen; davor ragte eine hohe Stange, auf dieser baumelten zwei blutrote Kugeln. Plötzlich rauschte es an der Stange, und eine der Kugeln ging wie von Geisterhand gezogen in die Höhe. Wir erschraken baß. Daß es hier mit rechten Dingen nicht zuginge, war leicht zu merken. Doch standen wir wie festgewurzelt.
»Pate Jochem«, sagte ich leise, »hört Ihr nicht so ein Brummen in der Erden?«
»Ja freilich, Bub«, entgegnete er, »es donnert was! Es ist ein Erdbeben.« Da tat er schon ein kläglich Stöhnen. Auf der

eisernen Straße heran kam ein kohlschwarzes Wesen. Es schien anfangs stillzustehen, wurde aber immer größer und nahte mit mächtigem Schnauben und Pfustern und stieß aus dem Rachen gewaltigen Dampf aus. Und hintenher –

»Kreuz Gottes!« rief mein Pate. »Da hängen ja ganze Häuser dran!« Und wahrhaftig, wenn wir sonst gedacht hatten, an das Lokomotiv' wären ein paar kleine Kutschen gespannt, auf denen die Reisenden sitzen konnten, so sahen wir nun einen langen Marktflecken mit vielen Fenstern heranrollen, und zu den Fenstern schauten lebendige Menschenköpfe heraus, und schrecklich schnell ging's, und ein solches Brausen war, daß einem der Verstand stillstand. Das bringt kein Herrgott mehr zum Stehen! fiel's mir noch ein. Da hub der Pate die beiden Hände empor und rief mit verzweifelter Stimme: »Jessas, Jessas, jetzt fahren sie richtig ins Loch!«

Und schon war das Ungeheuer mit seinen hundert Rädern in der Tiefe; die Rückseite des letzten Wagens schrumpfte zusammen, nur ein Lichtlein davon sah man noch eine Weile, dann war alles verschwunden, bloß der Boden dröhnte, und aus dem Loche stieg still und träge der Rauch.

Mein Pate wischte sich mit dem Ärmel den Schweiß vom Angesicht und starrte in den Tunnel.

Dann sah er mich an und fragte. »Hast du's auch gesehen, Bub?«

»Ich hab's auch gesehen.«

»Nachher kann's keine Täuschung gewesen sein«, murmelte der Jochem.

Wir gingen auf der Fahrstraße den Berg hinan; wir sahen aus mehreren Schächten Rauch hervorsteigen. Tief unter unsern Füßen im Berge ging der Dampfwagen.

»Die sind hin!« sagte mein Pate und meinte die Eisenbahnreisenden. »Die übermütigen Leut' sind selber ins Grab gesprungen!«

Beim Gasthause auf dem Semmering war es völlig still; die großen Stallungen waren leer, die Tische in den Gastzimmern, die Pferdetröge an der Straße waren unbesetzt. Der Wirt, sonst der stolze Beherrscher dieser Straße, lud uns höflich zu einer Jause ein.

»Mir ist aller Appetit vergangen«, antwortete mein Pate, »gescheite Leut' essen nicht viel, und ich bin heut um ein Stück gescheiter worden.« Bei dem Monumente Karls VI. standen wir still und sahen ins Österreicherland hinaus, das mit seinen Felsen und Schluchten und seiner unabsehbaren Ebene vor uns ausgebreitet lag. Und als wir dann abwärts stiegen, da sahen wir drüben in den wilden Steilwänden unsern Eisenbahnzug gehen – klein wie eine Raupe – und über hohe Brücken, fürchterliche Abgründe setzen, an schwindelnden Hängen gleiten, bei einem Loch hinein, beim andern heraus – ganz verwunderlich.

»'s ist nicht zu verstehen, was heutzutag' die Leut' treiben«, murmelte mein Pate.

»Sie spielen mit der Weltkugel Kegeln!« sagte ein eben vorübergehender Handwerksbursche.

Als wir nach Mariaschutz kamen, war es schon dunkel.

Wir gingen in die Kirche, wo das rote Lämpchen brannte, und beteten.

Dann genossen wir beim Wirt ein kleines Nachtmahl und gingen an den Kammern der Stallmägde vorüber auf den Heuboden, um zu schlafen.

Wir lagen schon eine Weile. Ich konnte unter der Last der

Eindrücke und unter der Stimmung des Fremdseins kein Auge schließen, vermutete jedoch, daß der Pate bereits süß schlummerte; da tat dieser plötzlich den Mund auf und sagte: »Schlafst schon, Bub?«

»Nein«, antwortete ich.

»Du«, sagte er, »mich reitet der Teufel!«

Ich erschrak. So was an einem Wallfahrtsort, das war unerhört.

»Ich muß vor dem Schlafengehen kein Weihwasser genommen haben«, flüsterte er, »'s gibt mir keine Ruh', 's ist arg, Bub.«

»Was denn, Pate?« fragte ich mit warmer Teilnahme.

»Na, morgen, wenn ich zur Kommunion geh', vielleicht wird's besser«, beruhigte er sich selbst.

»Tut Euch was weh, Pate?«

»'s ist eine Dummheit. Was meinst, Bübel, weil wir schon so nah dabei sind, probieren wir's?«

Da ich ihn nicht verstand, so gab ich keine Antwort.

»Was kann uns geschehen?« fuhr der Pate fort. »Wenn's die andern tun, warum nicht wir auch? Ich lass' mir's kosten.«

Er schwätzt im Traum, dachte ich bei mir selber und horchte aufmerksam.

»Da werden sie einmal schauen«, fuhr er fort. »Wenn wir heimkommen und sagen, daß wir auf dem Dampfwagen gefahren sind!«

Ich war gleich dabei.

»Aber sündhaft ist's!« murmelte er. »Na, vielleicht wird's morgen besser, und jetzt tun wir in Gottes Namen schlafen.«

Am andern Tage gingen wir beichten und kommunizieren und rutschten auf den Knien um den Altar herum. Aber als wir heimwärts lenkten, da meinte der Pate nur, er wolle sich die-

weilen gar nichts vornehmen, er wolle nur den Semmering-Bahnhof sehen, und wir lenkten unsern Weg dahin.
Beim Semmering-Bahnhof sahen wir das Loch auf der andern Seite. War auch kohlfinster. – Ein Zug von Wien war angezeigt. Mein Pate unterhandelte mit dem Bahnbeamten, er wolle zwei Sechser geben, und gleich hinter dem Berg, wo das Loch aufhört, wollten wir wieder absteigen.
»Gleich hinter dem Berg, wo das Loch aufhört, hält der Zug nicht«, sagte der Bahnbeamte lachend.
»Aber wenn wir absteigen wollen!« meinte der Jochem.
»Ihr müßt bis Spital fahren. Ist für zwei Personen zweiunddreißig Kreuzer.«
Mein Pate meinte, er lasse sich's was kosten, aber so viel wie die hohen Herren könne er armer Schlucker nicht geben; zudem sei an uns beiden ja kein Gewicht da. – Es half nichts; der Beamte ließ nicht handeln. Der Pate zahlte; ich mußte zwei Kreuzer beisteuern. Mittlerweile kroch aus dem nächsten, unteren Tunnel der Zug hervor, schnaufte heran, und ich glaubte schon, das gewaltige Ding wolle nicht anhalten. Es zischte und spie und ächzte – da stand es still.
Wie ein Huhn, dem man das Hirn aus dem Kopfe geschnitten, so stand der Pate da, und so stand ich da. Wir wären nicht zum Einsteigen gekommen; da schubste der Schaffner den Paten in einen Waggon und mich nach. In demselben Augenblicke wurde der Zug abgeläutet, und ich hörte noch, wie der ins Coupé stolpernde Jochem murmelte: »Das ist meine Totenglocke.« Jetzt sahen wir's aber: Im Waggon waren Bänke, schier wie in einer Kirche; und als wir zum Fenster hinausschauten – »Jessas und Maron!« schrie mein Pate. »Da draußen fliegt ja eine Mauer vorbei!« – Jetzt wurde es finster, und wir

sahen, daß an der Wand unseres knarrenden Stübchens eine Öllampe brannte. Draußen in der Nacht rauschte und toste es, als wären wir von gewaltigen Wasserfällen umgeben, und ein ums andere Mal hallten schauerliche Pfiffe. Wir reisten unter der Erde.

Der Pate hielt die Hände auf dem Schoß gefaltet und hauchte: »In Gottes Namen. Jetzt geb' ich mich in alles drein. Warum bin ich der dreidoppelte Narr gewesen.«

Zehn Vaterunser lang mochten wir so begraben gewesen sein, da lichtete es sich wieder, draußen flog die Mauer, flogen die Telegraphenstangen und die Bäume, und wir fuhren im grünen Tale.

Mein Pate stieß mich an der Seite: »Du, Bub! Das ist gar aus der Weis' gewesen, aber jetzt – jetzt hebt's mir an zu gefallen. Richtig wahr, der Dampfwagen ist was Schönes! Jegerl und jerum, da ist ja schon das Spitalerdorf! Und wir sind erst eine Viertelstunde gefahren! Du, da haben wir unser Geld noch nicht abgesessen. Ich denk', Bub, wir bleiben noch sitzen.«

Mir war's recht. Ich betrachtete das Zeug von innen, und ich blickte in die fliegende Gegend hinaus, konnte aber nicht klug werden. Und mein Pate rief: »Na, Bub, die Leut' sind gescheit! Und daheim werden sie Augen machen! Hätt' ich das Geld dazu, ich ließe mich, wie ich jetzt sitz', auf unsern Berg hinauffahren!«

»Mürzzuschlag!« rief der Schaffner. Der Wagen stand; wir taumelten zur Tür hinaus.

Der Türsteher nahm uns die Papierschnipsel ab, die wir beim Einsteigen bekommen hatten, und vertrat uns den Ausgang. »He, Vetter!« rief er. »Diese Karten galten nur bis Spital. Da heißt's nachzahlen, und zwar das Doppelte für zwei Personen; macht einen Gulden sechs Kreuzer!«

Ich starrte meinen Paten an, mein Pate mich. »Bub«, sagte dieser endlich mit sehr belegter Stimme, »hast du ein Geld bei dir?«

»Ich hab' kein Geld bei mir«, schluchzte ich.

»Ich hab' auch keins mehr«, murmelte der Jochem.

Wir wurden in ein Büro geschoben, dort mußten wir unsere Taschen umkehren. Ein blaues Sacktuch, das für uns beide war und das die Herren nicht anrührten, ein hart' Rindlein Brot, eine rußige Tabakspfeife, ein Taschenfeitel, etwas Schwamm und Feuerstein, der Beichtzettel von Mariaschutz und der lederne Geldbeutel endlich, in dem sich nichts befand als ein geweihtes Messing-Amulettchen, das der Pate stets mit sich trug im festen Glauben, daß sein Geld nicht ganz ausgehe, solange er das geweihte Ding in der Tasche habe. Es hatte sich auch bewährt bis auf diesen Tag – und jetzt war's auf einmal aus mit seiner Kraft. – Wir durften unsere Habseligkeiten zwar wieder einstecken, wurden aber stundenlang auf dem Bahnhofe zurückbehalten und mußten mehrere Verhöre bestehen.

Endlich, als schon der Tag zur Neige ging, zur Zeit, da nach so rascher Fahrt wir leicht schon hätten zu Hause sein können, wurden wir entlassen, um nun den Weg über Berg und Tal in stockfinsterer Nacht zurückzulegen.

Als wir durch den Ausgang des Bahnhofes schlichen, murmelte mein Pate: »Beim Dampfwagen da – 's ist doch der Teufel dabei!«

Mariä Himmelfahrt (15. August)

Vom Urgroßvater, der auf der Tanne saß

An die Felder meines Vaters grenzte der Ebenwald, der sich über Höhen weithin gegen Mitternacht erstreckte und dort mit den Hochwaldungen des Heugrabens und des Teufelsteins zusammenhing. Zu meiner Kindeszeit ragte über die Fichten- und Föhrenwipfel dieses Waldes das Gerippe einer Tanne empor, auf welcher der Sage nach vor mehreren hundert Jahren, als die Türken im Lande waren, der Halbmond geprangt haben und unter welcher viel Blut geflossen sein soll.
Mich überkam immer ein Schauern, wenn ich von den Feldern und Weiden aus dieses Tannengerippe sah; es ragte so hoch über den Wald und streckte seine langen, kahlen, wildverworrenen Äste so wüst gespensterhaft aus, daß es ein unheimlicher Anblick war. Nur an einem einzigen Aste wucherten noch einige dunkelgrüne Nadelballen, und über diese ragte ein scharfkantiger Strunk, auf dem einst der Wipfel gesessen. Den Wipfel mußte der Sturm oder ein Blitzstrahl geknickt haben – die ältesten Leute der Gegend erinnerten sich nicht, ihn auf dem Baume gesehen zu haben.
Von der Ferne, wenn ich auf dem Stoppelfelde die Rinder oder die Schafe weidete, sah ich die Tanne gern an; sie stand in der

Sonne rötlich beleuchtet über dem frischgrünen Waldessaume und war so klar und rein in die Bläue des Himmels hineingezeichnet. Dagegen stand sie an bewölkten Tagen, oder wenn ein Gewitter heranzog, starr und dunkel da; und wenn im Walde weit und breit alle Äste fächelten und sich die Wipfel tief neigten im Sturme, so stand sie still, fast ohne alle Regung und Bewegung.

Wenn sich aber ein Rind in den Wald verlief und ich, es zu suchen, an der Tanne vorüber mußte, so schlich ich gar angstvoll dahin und gedachte an den Halbmond, an das Blut und an andere entsetzliche Geschichten, die man von diesem Baume erzählte. Ich wunderte mich aber auch über die Rüstigkeit des Stammes, der auf der einen Seite kahl und von vielen Spalten durchfurcht, auf der anderen aber mit rauhen, zersprungenen Rinden bedeckt war. Der unterste Teil des Stammes war so dick, daß ihn zwei Männer nicht hätten zu umspannen vermocht. Die ungeheuren Wurzeln, welche zum Teil kahl dalagen, waren ebenso ineinander verschlungen und verknöchert wie das Geäst oben.

Man nannte den Baum die Türkentanne oder auch die graue Tanne. Von einem starrsinnigen oder übermütigen Menschen sagte man in der Gegend: »Der tut, wie wenn er die Türkentanne als Hutsträußl hätt'!« Und heute, da der Baum schon längst zusammengebrochen und vermodert ist, sagt man immer noch das Sprüchlein.

In der Kornernte, wenn die Leute meines Vaters, und er voran, der Reihe nach am wogenden Getreide standen und die Garben herausschnitten, mußte ich diese auf bestimmten Plätzen zusammentragen, wo sie dann zu je zehn in »Deckeln« zum Trocknen aufgeschöbert* wurden. Mir war das nach dem ewigen Viehhüten ein angenehmes Geschäft, um so mehr, als mir der Altknecht oft zurief: »Trag nur, Bub, und sei fleißig; die Garbenträger werden reich!« Ich war sehr behend und lief mit den Garben aus allen Kräften; aber da sagte wieder mein Vater: »Bub, du laufst ja wie närrisch! Du trittst Halme in den Boden, und du beutelst die Körner aus. Laß dir Zeit!«

Als es aber gegen Abend und in die Dämmerung hineinging und als sich die Leute immer weiter und weiter in das Feld hineingeschnitten hatten, so daß ich mit meinen Garben weit

---

* aufgeschichtet

zurückblieb, begann ich unruhig zu werden. Besonders kam es mir vor, als fingen sich die Äste der Türkentanne dort, die in unsicheren Umrissen in den Abendhimmel hineinstand, zu regen an. Ich redete mir zwar ein, es sei nicht so, und wollte nicht hinsehen – konnte es aber doch nicht ganz lassen.

Endlich, als die Finsternis für das Kornschneiden zu groß wurde, wischten die Leute mit taunassem Grase ihre Sicheln ab und kamen zu mir herüber und halfen mir unter lustigem Sang und Scherz die Garben zusammentragen. Als wir damit fertig waren, gingen die Knechte und Mägde davon, um in Haus und Hof noch die abendlichen Verrichtungen zu tun; ich und mein Vater aber blieben zurück auf dem Kornfelde. Wir schöberten die Garben auf, wobei der Vater diese halmaufwärts aneinanderlehnte und ich sie zusammenhalten mußte, bis er aus einer letzten Garbe den Deckel bog und ihn auf den Schober stülpte.

Dieses Schöbern war mir in meiner Kindheit die liebste Arbeit; ich betrachtete dabei die »Romstraße« am Himmel, die hinschießenden Sternschnuppen und die Johanniswürmchen, die wie Funken um uns herumtanzten, daß ich meinte, die Garben müßten zu brennen anfangen. Dann horchte ich wieder auf das Zirpen der Grillen, und ich fühlte den milden Tau, der gleich nach Sonnenuntergang die Halme und Gräser und gar auch ein wenig mein Jöpplein befeuchtete. Ich sprach über all das mit meinem Vater, der mir in seiner ruhigen, gemütlichen Weise Auskunft gab und über alles seine Meinung sagte, wozu er jedoch oft bemerkte, daß ich mich darauf nicht verlassen solle, weil er es nicht gewiß wisse.

So kurz und ernst mein Vater des Tages in der Arbeit gegen mich war, so heiter, liebevoll und gemütlich war er in solchen

Abendstunden. Vor allem half er mir immer meine kleine Jacke anziehen und wand mir seine Schürze, die er in der Feldarbeit gern trug, um den Hals, daß mir nicht kalt werde. Wenn ich ihn mahnte, daß auch er sich den Rock zuknöpfen möge, sagte er stets: »Kind, mir ist warm genug.« Ich hatte es oft bemerkt, wie er nach dem langen, schwierigen Tagewerk erschöpft war, wie er sich dann für Augenblicke auf eine Garbe niederließ und die Stirne trocknete. Er war durch eine langwierige Krankheit ein arg mitgenommener Mann; er wollte aber nie etwas davon merken lassen. Er dachte nicht an sich, er dachte an unsere Mutter, an uns Kinder und an den durch mannigfaltige Unglücksfälle herabgekommenen Bauernhof, den er uns retten wollte.

Wir sprachen beim Schöbern oft von unserem Hofe, wie er zu meines Großvaters Zeiten gar reich und angesehen gewesen und wie er wieder reich und angesehen werden könne, wenn wir Kinder, einst erwachsen, eifrig und fleißig in der Arbeit sein würden und wenn wir Glück hätten.

In solchen Stunden beim Kornschöbern, das oft spät in die Nacht hinein währte, sprach mein Vater mit mir auch oft gern von dem lieben Gott. Er war vollständig ungeschult und kannte keine Buchstaben; so mußte denn ich ihm stets erzählen, was ich da und dort von dem lieben Gott schon gehört und gelesen hatte. Besonders wußte ich aus Predigten dem Vater manches zu erzählen von der Geburt des Herrn Jesus, wie er in der Krippe eines Stalles lag, wie ihn die Hirten besuchten und mit Lämmern, Böcken und anderen Dingen beschenkten, wie er dann groß wurde und Wunder wirkte und wie sie ihn endlich ans Kreuz schlugen. Gern erzählte ich auch von der Schöpfung der Welt, von den Patriarchen und Propheten und von den

Zeiten des Heidentums. Dann sprach ich auch aus, was ich vernommen von dem Jüngsten Tage, von dem Weltgerichte und von den ewigen Freuden, die der liebe Gott für alle armen, kummervollen Menschen in seinem Himmel bereitet hat.
Ich erzählte das alles in unserer Redeweise, daß es der Vater verstand, und er war dadurch oft sehr ergriffen.
Ein anderes Mal erzählte wieder mein Vater. Er wußte wunderbare Dinge aus den Zeiten der Ureltern, wie diese gelebt, was sie erfahren und was sich in diesen Gegenden einst für Sachen zugetragen, die sich in den heutigen Tagen nicht mehr ereignen.
»Hast du noch nie darüber nachgedacht«, sagte mein Vater einmal, »warum die Sterne am Himmel stehen?«
»Ich habe noch gar nie darüber nachgedacht«, antwortete ich.
»Wir denken nicht daran«, sprach mein Vater weiter, »weil wir das schon so gewöhnt sind.«
»Es wird wohl endlich eine Zeit kommen, Vater«, sagte ich einmal, »in welcher kein Stern mehr am Himmel steht; in jeder Nacht fallen so viele herab.«
»Die da herabfallen, mein Kind«, versetzte der Vater, »das sind keine rechten Sterne, wie sie unser Herrgott zum Leuchten erschaffen hat – das sind Menschensterne. Stirbt auf der Erde ein Mensch, so lischt am Himmel ein Stern aus. Wir nennen das Sternschnuppen – siehst du, dort hinter der grauen Tanne ist just wieder eine niedergegangen.«
Ich schwieg nach diesen Worten eine Weile, endlich aber fragte ich: »Warum heißen sie jenen wilden Baum dort die graue Tanne, Vater?«
Mein Vater bog eben einen Deckel ab, und als er diesen aufgestülpt hatte, sagte er: »Du weißt, daß man ihn auch die Tür-

kentanne nennt. Die graue Tanne heißen sie ihn, weil sein Geäst und sein Moos grau ist und weil auf diesem Baume dein Urgroßvater die ersten grauen Haare bekommen hat. – Wir haben hier noch sechs Schöber aufzusetzen, und ich will dir dieweilen eine Geschichte erzählen, die sehr merkwürdig ist.«

»Es ist schon länger als achtzig Jahre«, begann mein Vater, »seitdem dein Urgroßvater meine Großmutter geheiratet hat. Er war sehr reich und schön, und er hätte die Tochter des angesehensten Bauern zum Weib bekommen. Er nahm aber ein armes Mädchen aus der Waldhütten herab, das gar gut und sittsam gewesen ist. Von heute in zwei Tagen ist der Vorabend des Festes Mariä Himmelfahrt; das ist der Jahrestag, an welchem dein Urgroßvater zur Werbung in die Waldhütten ging. Es mag wohl auch im Kornschneiden gewesen sein; er machte frühzeitig Feierabend, weil durch den Ebenwald hinein und bis zur Waldhütten hinauf ein weiter Weg ist. Er brachte viel Bewegung mit in die kleine Wohnung. Der alte Waldhütter, der für die Köhler und Holzleute die Schuhe flickte, ihnen zuzeiten die Sägen und die Beile schärfte und nebenbei Fangschlingen für Raubtiere machte – weil es zur selben Zeit in der Gegend noch viele Wölfe gab –, der Waldhütter nun ließ seine Arbeit aus der Hand fallen und sagte zu deinem Urgroßvater: ›Aber Joseph, das kann doch nicht dein Ernst sein, daß du mein Lenerl zum Weib haben willst, das wär' ja gar aus der Weis'!‹ Dein Urgroßvater sagte: ›Ja, deswegen bin ich heraufgegangen den weiten Weg, und wenn mich das Lenerl mag und es ist ihr und euer redlicher Wille, daß wir zusammen in den heiligen Ehestand treten, so machen wir's heut richtig, und wir gehen morgen zum Richter und zum Pfarrer, und ich lass' dem Lenerl mein Haus und Hof verschreiben, wie's Recht und

Brauch ist. ‹ – Und das Mädchen hatte deinen Urgroßvater lieb, und es sagte, es wolle seine Frau werden. Dann verzehrten sie zusammen ein kleines Mahl, und endlich, als es schon zu dunkeln begann, brach der Bräutigam auf zum Heimweg. Er ging über die kleine Wiese, die vor der Waldhütten lag, auf der aber jetzt schon die großen Bäume stehen, und er ging abwärts durch den Wald, und er war gar freudigen Gemütes. Er achtete nicht darauf, daß es bereits finster geworden war, und er achtete nicht auf das Wetterleuchten, das zur Abendzeit nach einem schwülen Sommertag nichts Ungewöhnliches ist. Auf eines aber wurde er aufmerksam, er hörte von den gegenüberliegenden Waldungen ein heulendes Gebelle. Er dachte an Wölfe, die nicht selten in größeren Rudeln die Wälder durchzogen; er faßte seinen Knotenstock fester und nahm einen schnelleren Schritt. Dann hörte er wieder nichts als zeitweilig das Kreischen eines Nachtvogels und sah nichts als die dunklen Stämme, zwischen welche der Fußsteig führte und durch welche von Zeit zu Zeit das Leuchten kam. Plötzlich vernahm er wieder das Heulen, aber nun viel näher als das erstemal. Er fing zu laufen an. Er lief, was er konnte; er hörte keinen Vogel mehr, er hörte nur immer das entsetzliche Heulen, das ihm auf dem Fuße folgte. Als er sich hierauf einmal umsah, bemerkte er hinter sich durch das Geäst funkelnde Lichter. Schon hört er das Schnaufen und Lechzen der Raubtiere, die ihn verfolgen, schon denkt er bei sich: 's mag sein, daß morgen kein Versprechen ist beim Pfarrer! – da kommt er heraus zur Türkentanne. Kein anderes Entkommen mehr möglich – rasch faßt er den Gedanken, und durch einen kühnen Sprung schwingt er sich auf den untersten Ast des Baumes. Die Bestien sind schon da; einen Augenblick stehen sie bewegungslos und lauernd; sie gewahren ihn auf dem Baum, sie schnaufen, und mehrere setzen die Pfoten an die rauhe Rinde des Stammes. Dein Urgroßvater klettert weiter hinauf und setzt sich auf einen dicken Ast. Nun ist er wohl sicher. Unten heulen sie und scharren an der Rinde – es sind ihrer viele, ein ganzes Rudel. Zur Sommerszeit war es doch selten geschehen, daß Wölfe einen Menschen anfielen; sie mußten gereizt oder von irgendeiner andern Beute verjagt worden sein. Dein Urgroßvater saß lange auf dem Ast; er hoffte, die Tiere würden davonziehen und sich zerstreuen. Aber sie umringten die Tanne und schnüffelten und heulten. Es war längst schon finstere Nacht; gegen Mittag und Morgen hin leuchteten alle Sterne, gegen Abend hin aber war es grau, und durch dieses Grau schossen dann und wann Blitzscheine. Sonst war es still, und es regte sich im Walde kein Ästchen. Dein Urgroßvater wußte nun wohl, daß er die ganze Nacht in dieser Lage würde zubringen müssen; er besann sich aber doch, ob er nicht Lärm machen und um Hilfe rufen sollte. Er tat es, aber die Bestien ließen sich nicht verscheuchen; kein Mensch war in der Nähe, das Haus zu weit entfernt.

Damals hatte die Türkentanne unter dem abgerissenen Wipfelstrunk, wo heute die wenigen Reiserbüschel wachsen, noch eine dichte, vollständige Krone aus grünenden Nadeln. Da denkt sich dein Urgroßvater: Wenn ich denn schon einmal hier Nachtherberge nehmen soll, so klimme ich noch weiter hinauf unter die Krone. Und er tat's und ließ sich oben in einer Astgabel nieder, da konnte er sich recht gut anlehnen.

Unten ist's nach und nach ruhiger, aber das Wetterleuchten wird stärker, und an der Abendseite ist dann und wann ein fernes Donnern zu vernehmen. –Wenn ich einen tüchtigen Ast bräche und hinabstiege und einen wilden Lärm machte und gewaltig um mich schlüge, man meint, ich müßt' den Rabenäsern entkommen! So denkt dein Urgroßvater – tut's aber nicht; er weiß zu viele Geschichten, wie Wölfe trotz alledem Menschen zerrissen haben.

Das Donnern kommt näher, alle Sterne sind verloschen – 's ist

finster wie in einem Ofen: nur unten am Fuße des Baumes funkeln die Augensterne der Raubtiere. Wenn es blitzt, steht wieder der ganze Wald da. Nun beginnt es gar zu sieden und zu kochen im Gewölbe wie in tausend brauenden Kesseln. Kommt ein fürchterliches Gewitter, denkt sich dein Urgroßvater und verbirgt sich unter die Krone, so gut er kann. Der Hut ist ihm hinabgefallen, und er hört es, wie die Bestien den Filz zerfetzen. Jetzt zuckt ein Strahl über den Himmel, es ist einen Augenblick hell, wie zur Mittagsstunde – dann bricht in den Wolken ein Schnalzen und Krachen und Knallen los, und weithin hallt es im Gewölbe.
Jetzt ist es still, still in den Wolken, still auf der Erde – nur um einen gegenüberliegenden Wipfel flattert ein Nachtvogel. Aber halb erhebt sich der Sturm, es rauscht in den Bäumen, es tost durch die Äste, eiskalt ist der Wind. Dein Urgroßvater klammert sich stets an das Geäst. Jetzt flammt wieder ein Blitz, schwefelgrün erleuchtet ist der Wald; alle Wipfel neigen sich, biegen sich tief, die nächststehenden Bäume schlagen, es ist, als fielen sie heran. Aber die Tanne steht starr und ragt hoch über den ganzen Wald. Unten rennen die Raubtiere wild durcheinander und heulen. Plötzlich saust ein Körper durch die Äste wie ein Steinwurf. Da leuchtet es wieder – ein schneeweißer Knollen hüpft auf den Boden und kollert dahin. Dann finstere Nacht. Es braust, siedet, tost, krachend stürzen Wipfel. Ein Ungeheuer mit weitschlagenden Flügeln, im Augenblicke des Blitzes gespenstische Schatten werfend, naht in der Luft, stürzt der Tanne zu und birgt sich gerade über deinem Urgroßvater in die Krone. Ein Habicht war's, Junge, ein Habicht, der auf der Tanne sein Nest gehabt.« Mein Vater hatte bei dieser Erzählung keine Garbe angerührt; ich hatte den ruhigen,

schlichten Mann bisher auch nie mit solcher Lebhaftigkeit sprechen gehört.

»Wie's weiter gewesen?« fuhr er fort. »Ja, nun brach es erst los; das war Donnerschlag auf Donnerschlag, und beim Leuchten war zu sehen, wie weiße Wurfspieße gleich Eiskörnern auf den Boden niedersausten, an die Stämme prallten, auf den Boden flogen und wieder hoch emporsprangen. Sooft ein Hagelklumpen an den Stamm der Tanne schlug, gab es im ganzen Baume einen hohlen Schall. Und über dem Heugraben gingen Blitze nieder, und auf den jenseitigen Wald gingen Blitze nieder; plötzlich war eine blendende Glut, ein heißer Luftdruck, ein Schmettern, und es loderte eine Fichte.

Und die Türkentanne stand da, und dein Urgroßvater saß unter der Krone im Geäst.

Die brennende Fichte warf weithin ihren Schein, und nun war zu sehen, wie ein rötlicher Schleier lag über dem Walde, wie nach und nach das Gewebe der kreuzenden Eisstücke dünner und dünner wurde, wie viele Wipfel keine Äste, dafür aber weiße Streifen hatten, wie endlich der Sturm in einen mäßigen Wind überging und ein dichter Regen rieselte.

Die Donner wurden seltener und dumpfer und zogen sich gegen Mittag und Morgen hin; aber die Blitze leuchteten noch ununterbrochen.

Am Fuße des Baumes war kein Heulen und kein Augenfunkeln mehr. Die Raubtiere waren durch das wilde Wetter verscheucht worden. Da stieg denn dein Urgroßvater nieder von Ast zu Ast bis zum Boden. Und er ging hinaus durch den Wald über die Felder gegen das Haus.

Es war schon nach Mitternacht.

Als der Bräutigam zum Hause kommt und kein Licht in der

Stube sieht, wundert er sich, daß in einer solchen Nacht die Leute so ruhig schlafen können. Haben aber nicht geschlafen, waren zusammengewesen in der Stube um ein Kerzenlicht.
Sie hatten nur Bretter an die Fenster gelehnt, weil der Hagel alle Scheiben eingeschlagen hatte.
›Bist in der Waldhütten blieben, Sepp?‹ fragte deine Ururgroßmutter. Dein Urgroßvater aber antwortete: ›Nein, Mutter, in der Waldhütten nicht.‹
Es war an dem darauffolgenden Morgen ein frischer Harzduft gewesen im Walde – die Bäume haben geblutet aus unzähligen Wunden. Und es war ein beschwerliches Gehen gewesen über die Eiskörner, und es war eine sehr kalte Luft.
Und als am Frauentag die Leute über die Verheerung und Zerstörung hin zur Kirche gingen, fanden sie im Walde unter dem herabgeschlagenen Reisig und Moos manchen toten Vogel und manch anderes Tier; unter einem geknickten Wipfel lag ein toter Wolf.
Dein Urgroßvater ist bei diesem Gange sehr ernst gewesen; da sagt auf einmal das Lenerl von der Waldhütten zu ihm: › O, du himmlisch' Mirakel! Sepp, dir wachst ja schon ein graues Haar!‹
Später hat er alles erzählt, und nun nannten die Leute den Baum, auf dem er dieselbe Nacht hat zubringen müssen, die graue Tanne!«
Das ist die Geschichte, wie sie mir mein Vater eines Abends beim Kornschöbern erzählt hat und wie ich sie später aus meiner Erinnerung niedergeschrieben. Als wir dann nach Hause gingen zur Abendsuppe und zur Nachtruhe, blickte ich noch mehrere Male hin auf den Baum, der hoch über dem Wald in den dunklen Abendhimmel hineinstand.

Von dieser Zeit ab fürchtete ich mich nicht mehr, wenn ich an der grauen Tanne vorüberging. Und sie stand noch jahrelang da, zur Winters- und Sommerszeit in gleicher Gestalt – ein wild verworrenes Gerippe von Ästen, mit den wenigen dunkelgrünen Nadelballen auf der Krone und dem scharfkantigen Strunk über derselben.

Ich war schon erwachsen, da war es in einer Herbstnacht, daß mich mein Vater aufweckte und fragte: »Wenn du die graue Tanne willst brennen sehen, so geh vor das Haus!«
Und als ich vor dem Hause stand, da sah ich über dem Walde eine hohe Tanne lodern, und aus derselben qualmte finsterer Rauch in den Sternenhimmel auf. Wir hörten das Dröhnen der Flammen, und wir sahen das Niederstürzen einzelner Äste; dann gingen wir wieder zu Bette. Am Morgen stand über dem Wald ein schwarzer Strunk mit nur wenigen Armen – und hoch am Himmel kreiste ein Geier.
Wir wußten nicht, wie sich in der stillen heiteren Nacht der Baum entzündete, und wir wissen es noch heute nicht. In der Gegend ist vieles über dieses Ereignis gesprochen worden, und man hat demselben Wunderliches und Bedeutsames zugrunde gelegt. Noch einige Jahre starrte der schwarze Strunk gegen den Himmel, dann brach er nach und nach zusammen, und nun stand nichts mehr empor über dem Wald.
Auf dem Stocke und auf den letzten Resten des Baumes, die langsam in die Erde sinken und vermodern, wächst das Moos.

Michaelistag (29. September)

Weg nach Maria Zell

Mein Vater hatte elf Saatfelder, die wir »Kornweiten« nannten und wovon wir alljährlich im Herbste ein neues für den Winterroggenbau bestimmten, so daß binnen elf Jahren jeder Acker einmal an die Reihe kam; für die nächsten drei Jahre wurde dann das Feld für Hafersaat benutzt, und die sieben weiteren Jahre lag es brach, als Wiese oder Weide.

Unser vier – ich, mein Vater und die zwei Zugochsen – bestellten im Herbste das Roggenfeld. Hatten wir den Pflug, so führte mein Vater hinten die Pflug- und ich vorn die Ochsenhörner. Hatten wir die Egge mit ihren sechsunddreißig wühlenden Eisenzähnen, so leitete der Vater die Zugtiere, und ich –

Ja, das war ein absonderlich' Geschäft. Ich hockte mitten auf der Egge oben und ließ mich über den Acker hin und her vornehm spazierenfahren. Fuhr spazieren und verdiente dabei mein Brot. Der Acker hatte nämlich stellenweise so zähes und filziges Erdreich, daß die Egge nicht eingreifen wollte, sondern nur so ein wenig obenhin kratzte. Trotzdem durfte die Egge nicht zu schwer sein, schon um der Ochsen willen, und auch nicht, weil an anderen Stellen doch wieder eine mürbe Erd-

schicht lag, in welcher tiefgehende Zähne mehr geschadet als genützt hätten.
So mußte denn stellenweise die Egge beschwert werden, und zwar durch ein lebendiges Gewicht, das zu rechter Zeit aufhokken und zu rechter Zeit abspringen konnte. Und dazu waren meine vierzig Pfund mit den behendigen Füßlein gerade recht. Gefiel mir, wenn die Ochsen gut beim Zeug waren und die Egge hübsch emsig dahinkraute und auf und nieder hupfte, so daß mir der Vater zurief: »Halt dich fest, Bub, sonst fliegst abi!«
Da hat sich eines Tages das große Glück zugetragen.
Es war morgens vorher mein zweiter Bruder geboren worden – ein Junge, daß es schon eine helle Freude war. Als wir hierauf das steile Feld am Waldrand umeggten, war mein Vater etwas übermütig und knallte stark mit der Peitsche. Fuhr- und Akkersleute, die keine Stimme haben zum Jauchzen, lassen die Peitsche knattern und schmettern, daß es hinhallt zu anderen Menschen, die sich mitfreuen und, wenn sie wollen und können, mitjauchzen mögen. Wir fuhren gerade an einem mit Büschen bewachsenen Steinhaufen vorüber, als meinem Vater – sicherlich des kleinen Jungen wegen – wieder die helle Lust aufschoß, die Peitsche schwang er und knallte eins herab. In demselben Augenblick rauschte erschreckt eine ganze Familie von Haselhühnern aus dem Gebüsche auf – davor machten unsere Ochsen einen gewaltigen Sprung und schossen wild mit der Egge und mit mir, der darauf saß, quer über das steile Feld hinab. Mein Vater war beiseite geschleudert worden und konnte nun nachsehen, was mit seinem Gespann geschah. Die Rinder rasten dahin, die Egge hüpfte hoch empor, und im nächsten Augenblicke war ich unter den Zähnen derselben und wurde hingeschleift.

Mein Vater soll die Augen zugemacht und sich gedacht haben: Jesses, kaum ist der Kleine da, ist der Große schon hin. – Dann schlug er die Hände zusammen und rief es zu den Wolken empor: »Unser' liebe Frau Maria Zell!«
Mittlerweile waren Ochsen und Egge über den Feldrücken gerast und nicht mehr zu sehen. Dort unten aber auf dem braunen Streifen, den das Fuhrwerk über den Acker hin gezogen hatte, lag ein Häuflein und bewegte sich nicht.
Mein Vater lief hinzu und riß es von der Erde empor – da hub es auch schon gewaltig an zu schreien. Der ganze Bub voll Erde über und über; ein Ärmel des Linnenröckleins war in Fetzen gerissen, über die linke Wade hinab rann Blut – sonst gar nichts geschehen. Hinter dem Feldsattel standen unversehrt auch die Ochsen. Mich nahm mein Vater jetzt auf den Arm. Ich hätte zehnmal besser laufen können als er, aber er bildete sich ein, ich müsse getragen sein, aus Zärtlichkeit und Dankbarkeit, daß ich noch lebe, und aus Angst, ich möchte mich etwa gar jetzt erst verletzen. Als ich hörte, daß ich eigentlich in Todesgefahr gewesen war und von Rechts wegen jetzt in Stücke zerrissen nach Hause getragen werden sollte, hub ich erst recht an zu zetern. – Und so kamen wir heim, und wenn die alte Grabentrautel nicht vor der Tür gefegt hätte – weil die Taufpatin kommen soll – und sie uns solchergestalt nicht den Eingang zur Wöchnerin verwehrt hätte, so wär' erst jetzt das Unglück geschehen: Die Mutter wär' vor Schreck aus dem Bett gesprungen, hätt' das Fieber gekriegt und wär' gestorben.
Auch das hat die liebe Frau Maria Zell verhindern müssen und hat es durch ihre Fürbitte erwirkt, daß es der Grabentrautel eingefallen ist, es wäre draußen der Antrittstein nicht ganz sauber, und die Taufpatin könne leichtlich daran ein Ärgernis nehmen.

Später hat das mein Vater alles erwogen und ist hierauf zum Entschluß gekommen, mit mir zur Danksagung eine Wallfahrt nach Maria Zell zu machen.
Ich war glückselig, denn eine Kirchfahrt nach dem eine starke Tagreise von uns entfernten Wallfahrtsort war mein Verlangen gewesen, seit ich das erstemal die Zeller Bildchen im Gebetbuche meiner Mutter sah. Maria Zell schien mir damals nicht allein als der Mittelpunkt aller Herrlichkeit der Erde, sondern auch als der Mittelpunkt des Gnadenreiches unserer lieben Frau. Und sooft wir nun nach dem Gelöbnisse auf dem Felde oder im Walde arbeiteten, mußte mir mein Vater all das von Zell erzählen, was er wußte, und auch all das, was er nicht wußte. Und so entstand in mir eine ideale Welt voll Sonnenglanz und goldener Zier, voll heiliger Bischöfe, Priester und Jungfrauen, voll musizierender Engel, und inmitten unter ewig lebendigen Rosen die Himmelskönigin Maria.
Und eines Tages denn, es war am Tage des heiligen Michael, haben wir vormittags um zehn Uhr Feierabend gemacht.
Wir zogen die Sonntagskleider an und rieben unsere Füße mit Talg ein. Der Vater aß, was uns die Mutter vorgesetzt – ich hatte den Magen voll Freude. Ich ging ruhelos in der Stube auf und ab, sosehr man mir riet, ich sollte rasten, ich würde noch müde genug werden. Rasten und dann müde werden, das schien mir nicht gut gedacht.
Endlich luden wir unsere Reisekost auf und gingen davon, nachdem wir versprochen hatten, für alle daheim und für jedes insbesondere bei der »Zellermutter« zu beten.
Ich wüßte nicht, daß meine Füße den Erdboden berührt hätten, so wonnig war mir. Die Sonne hatte ihren Sonntagsschein, und es war doch mitten in der Woche. Mein Vater hatte einen

Pilgerstock aus Haselholz, ich auch einen solchen; so wanderten wir aus unserem Alpel davon. Mein Vater trug außer den Nahrungsmitteln etwas in seiner rückwärtigen Rocktasche, was, in graues Papier gewickelt, ich ihn zu Hause einstecken gesehen hatte. Ich konnte mir nicht denken, was das für ein Ding sein mochte.

Wir kamen ins schöne Tal der Mürz und in das große Dorf Krieglach, wo einige Tage zuvor mitten im Orte einige Häuser niedergebrannt waren. Ich hatte in meinem Leben noch keine Brandstätte gesehen. Ich schloß die Augen und ließ es noch einmal nach Herzenslust brennen, so daß mich mein Vater gar nicht von der Stelle brachte.

Eine Frau sah uns zu und sagte endlich: »Mein, 's ist halt armselig mit so einem Kind – wenn es ein Hascher ist.«

Ich erschrak. Sie hatte mich gemeint, und ich kannte die Ausdrucksweise der Leute gut genug, um zu verstehen, daß sie mich – wie ich so dastand mit offenem Mund und geschlossenen Augen – für ein Trottelchen hielt.

Ich war daher froh, als wir weiterkamen. Nun gingen wir schon fremde Wege. Hinter dem Orte Krieglach steht ein Kreuz mit einem Marienbilde und mit einer hölzernen Hand, auf welcher die Worte sind: »Weg nach Maria Zell.«

Wir knieten vor dem Kreuze nieder, beteten ein Vaterunser um Schutz und Schirm für unsere Wanderschaft. »Das rührt mich an«, sagte mein Vater plötzlich und richtete sein feuchtes Auge auf das Bild, »sie schaut so viel freundlich auf uns herab.« Dann küßte er den Stamm des Kreuzes, und ich tat's auch, und dann gingen wir weiter.

Als wir in das Engtal der Veitsch einbogen, begann es schon zu dunkeln. Rechts hatten wir den finsteren Bergwald, links rauschte der Bach, und ich fühlte ein Grauen vor der Majestät und Heiligkeit dieses Zeller Weges. Wir kamen zu einem einstöckigen Wirtshaus, wie solche in den Wäldern der Räubermärchen stehen – doch über der Tür war trotz der Dämmerung noch der Spruch zu lesen: »Herr, bleibe bei uns, denn es will Abend werden!« – Aber wir gingen vorüber.

Endlich sahen wir vor uns im Tale mehrere Lichter. »Dort ist schon die Veitsch«, sagte mein Vater, aber wir gingen nicht so weit, sondern bogen links ab und den Bauernhäusern zu, und wir schritten in eines der Häuser, und mein Vater sagte zur Bäuerin: »Gelobt sei Jesu Christi, und wir zwei täten halt von Herzen schön bitten um eine Nachtherberg'; mit einem Löffel warmer Suppe sind wir rechtschaffen zufrieden, und schlafen täten wir schon auf dem Heu.«

Ich hatte gar nicht gewußt, daß mein Vater so schön betteln konnte. Aber ich hatte auch nicht gewußt, daß er auf Wallfahrtswegen nur ungern in ein Wirtshaus einkehrte, sondern sich Gott zur Ehr' freiwillig zum Bettelmann erniedrigte. Das war ein gutes Werk und schonte den Geldbeutel.

Die Leute behielten uns willig und luden uns zu Tische, daß wir aßen von allem, was sie selber hatten. Dann fragte uns der Bauer, ob wir Feuerzeug bei uns hätten, und als mein Vater versicherte, er wäre kein Raucher und er hätte sein Lebtag keine Pfeife im Munde gehabt, führten sie uns in den Stadl hinaus auf frisches Stroh.

Wir lagen gut, und draußen rauschte das Wasser. Das mutete seltsam an, denn daheim auf dem Berg hörten wir kein Wasser rauschen.

»In Gottes Namen«, seufzte mein Vater auf, »morgen um solch' Zeit sind wir in Maria Zell.« Dann war er eingeschlafen.

Am andern Morgen, als wir aufstanden, leuchtete auf den Bergen schon die Sonne, aber im Schatten des Tales lag der Reif. Als wir durch das lange Engtal hinwanderten, an Wiesen und Waldhängen, Sträuchern und Eichenbäumen hin, über Brücken und Stege, an Wegkreuzen und Bauernhäusern, Mühlen, Brettersägen und Zeugschmieden vorbei, trugen wir jeder den Hut und die Rosenkranzschnur in der Hand und beteten laut. Des schämte ich mich anfangs vor den Vorübergehenden, aber sie lachten uns nicht aus; an der Zeller Straßen ist's nichts Neues, daß laut betende Leute daherwandern. Mein Vater betete überhaupt gern mit mir; er wird gewiß immer sehr andächtig dabei gewesen sein, aber mir kamen im Gebete stets so verschiedene und absonderliche Gedanken, die mir sonst sicherlich nicht eingefallen wären. War ich im Beten, so interessierte ich mich für alles, woran wir vorüberkamen, und wenn sonst schon gar nichts da war, so zählte ich die Zaunstecken.
Heute gab mir vor allem das Ding zu sinnen, das mein Vater in seiner Tasche hatte und das im Rockschoß hin und her schlug. – Für einen Wecken ist's viel zu schwer. Für eine Wurst ist's zu groß. –
Ich war noch in meinen Erwägungen, da blieb mein Vater jählings stehen, und das Gebet unterbrechend rief er aus: »Du verhöllte Sau!«
Ich erschrak, denn das war meines Vaters Leibfluch. Er hatte sich ihn selbst erdichtet, weil die anderen ja alle sündhaft sind.
»Jetzt kann ich schnurgerade zurückgehen«, sagte er.
»Habt Ihr denn was vergessen?«
»Das wär' mir ein sauberes Kirchfahrtengehen«, fuhr er fort, »wenn man unterwegs die Leut' anlügt! – Hast es ja gehört, wie ich gestern erzählt hab', ich hätt' mein Lebtag keine Pfeifen

im Maul g'habt. Jetzt beim Beten ist's mir eingefallen, wie ich dort den Holzapfelbaum sah, daß wir daheim auch einen alten Holzapfelbaum gehabt haben und daß ich unter dem Holzapfelbaum einmal 'glaubt hab', 's ist mein letztes End'. Totenübel ist mir gewesen, weil ich mit dem Riegelberger-Peter das Tabakrauchen hab' lernen wollen. – Das ist mir gestern nicht eingefallen, und so hab' ich unsern Herbergvater angelogen, und deswegen will ich jetzt frei wieder zurückgehen und die Sach' in Richtigkeit bringen.«

»Nein, zurückgehen tun wir nicht«, sagte ich, und in meinen Augen wird Wasser zu sehen gewesen sein.

»Ja«, rief der Vater, »was wirst denn sagen, wenn du unsere liebe Frau bist und einer kommt von weit her zu dir, daß er dich verehren möcht', und bringt dir eine großmächtige Lüg' mit?!«

»Gar so groß wird sie wohl nicht sein«, meinte ich und sann auf Mittel, das Gewissen meines Vaters zu beruhigen. Da fiel mir was ein, und ich sagte folgendes: »Ihr habt nur erzählt, daß Ihr Euer Lebtag keine Pfeife im Mund gehabt hättet. Das kann ja wohl wahr sein. Ihr habt bloß das Rohr und von dem nur die Spitze im Mund gehabt.«

Darauf schwieg er eine Zeitlang, und dann sagte er: »Du bist ein verdankt hinterlistiger Kumpel. Aber verstehst, das Redenverdrehen lass' ich dir nicht gelten, und auf dem Kirchfahrtweg schon gar nicht. Ich hab's so gemeint, wie ich's gesagt hab', und der Bauer hat's so verstanden.«

»So müsset es halt gleich beichten, wenn wir nach Zell kommen«, riet ich – darauf ging er ein, und wir zogen und beteten weiter.

Beim Radwirt hielten wir an, mußten uns stärken. Wir hatten nun die Radsohl' zu übersteigen, den Sattel der Beitschalpe, die mit ihren Wänden schon lange auf uns hergestarrt hatte. Die Wirtin schlug die Hände zusammen, als sie den kleinwinzigen Wallfahrer vor sich sah, und meinte, der Vater werde mich wohl müssen auf den Buckel fassen und über den Berg tragen; wenn ich nicht brav Wein trinke und Semmeln esse.

Hinter dem Wirtshause zeigte eine Hand schnurgerade den steilen Berg hinan: »Weg nach Maria Zell.« Aber ein paar hundert Schritte weiter oben stand ein Kruzifix mit der Inschrift »Hundert Tag' Ablaß, wer das Kruzifix mit Andacht küsset, und fünfhundert Tag' vollkommenen Ablaß, wer Gelobt sei Jesus Christus sagt«.

Auf der Stelle erwarben wir uns sechshundert Tage Ablaß.

Dann gingen wir weiter, bald auf Fahrwegen, bald auf Fußsteigen, und nach einer Stunde waren wir oben.

Wir setzten uns auf den weichen Rasen und blickten zurück in das weite Waldland, über die grünen Berge hin und bis in die fernen blauen. Und zwischen den blauen heraus erkannte mein Vater jenen, auf welchem unser Haus stand. Dort ist die Mutter mit dem kleinen Brüderlein, dort sind sie alle, die mit ihren Gedanken bei uns sind auf unserem Weg nach Zell. Wie müssen die Leute jetzt winzig sein, wenn schon der Berg so klein ist wie ein Ameisenhaufen! –

Es war die Mittagsstunde. Wir vermeinten vom Veitschtale herauf das Klingen der Glocke zu hören.

»Ja«, sagte dann mein Vater, »wenn man's betrachtet, die Leut' sind wohl recht klein gegen die große Welt. Aber schau, mein Bübel, wenn schon die Welt so groß und schön ist, wie muß es erst im Himmel sein?«

Ich habe die Frage nicht beantwortet.

Wir erhoben uns und gingen den ebenen Weg, der hoch auf dem

Berge dahinführt, und ich sah schaudernd zur schroffen Steilwand der Veitsch empor, die schier drohend, als wollte sie niederstürzen, auf uns herabstarrte. Endlich standen wir vor einem gemauerten Kreuze, in dessen vergitterter Nische ein lieber, guter Bekannter war. Der heilige Nikolaus, der alljährlich zu seinem Namenstage mich mit Nüssen, Äpfeln und Lebzelten beschenkte, anstatt daß ich ihm es tat. Und von diesem Kreuze sahen wir hinab auf die Zeller Seite. Doch wir sahen noch lange nicht Zell; wohl aber ein so wildes, steinernes Gebirge, wie ich es früher nicht gesehen hatte. Ein Gebet beim Nikolo, und wir stiegen hinab in die fremde, schauerliche Gegend.

Wir kamen durch einen finsteren Wald, der so hoch und dicht war, daß kein Gräslein wuchs zwischen seinen Stämmen. Mein Vater erzählte mir Raub- und Mordgeschichten, welche sich hier zugetragen haben sollen, und ein paar Tafeln an den Bäumen bestätigten die Erzählungen. Ich war daher recht froh, als wir in das Tal kamen, wo wieder Wiesen und Felder waren und an der Straße wieder Häuser standen.

Wir waren bald in der Wegscheide, wo sich drei Wege teilten, der eine geht nach Veitsch und nach Neuberg, der andere nach Seewiesen, und den dritten weist eine Hand: »Weg nach Maria Zell.«

»Wenn du nach Zell gehst, so wirst du die größte Kirche und die kleinste Kirche sehen«, sagte mein Vater, »die größte finden wir heut auf den Abend, zur kleinsten kommen wir jetzt. Schau, dort unter der Steinwand ist schon das rote Türmlein.«

Das Wirtshaus war freilich viel größer als die Kirche; in demselben stärkten wir uns für den noch dreistündigen Marsch, der vor uns lag.

Dann kamen wir an der gezackten Felswand vorüber, die hoch oben am Berge steht und die »Spieler« genannt wird. Drei Männlein sitzen dort oben, die einst in der Christnacht hinaufgestiegen waren, um Karten zu spielen. Zur Strafe sind sie in Stein verwandelt worden, und sie spielen heute noch.
Die Straße ist besät mit Wegkreuzen und Marienbildern; wir verrichteten vor jedem unsere Andacht, und dann schritten wir wieder vorwärts, wohl etwas schwerfälliger als gestern, und im Rockschoße meines Vaters schlug fort und fort das unbekannte Ding hin und her.
Neben uns rauschte ein großer Bach, der aus verschiedenen Schluchten, zwischen hohen Bergen, hervorgekommen war. Die Berge waren hier gar erschrecklich hoch und hatten auch Gemsen.
»Jetzt rinnt das Wasser noch mit uns hinaus«, sagte mein Vater, »paß auf, wenn es gegen uns rinnt, nachher haben wir nicht mehr weit nach Zell.«
Wir kamen nach Gußwerk. Das hatte wunderprächtige Häuser, die waren schön ausgemeißelt um Türen und Fenster herum, als ob sich die Steine schnitzen ließen wie Lindenholz. – Und da waren ungeheure Schmieden, aus deren finsterem Innern viel Lärm und Feuerschein herausdrang.
Als wir hinter dem letzten Hammerwerk hinaus waren und sich die Waldschlucht verengte, daß kaum Straße und Wasser nebeneinander laufen konnten – siehe, da war das Wasser so klar und still, daß man in der Tiefe die braunen Kieselsteine sah und die Forellen – und das Wasser rann gegen uns.
»Jetzt, mein Bübel«, sagte der Vater, »jetzt siehst bald den Zellerischen Turm.«
Wir beschleunigten unsere Schritte, stiegen die letzte Höhe

hinan und hatten nun auf einmal den großen Markt vor uns liegen und inmitten, hoch über alles ragend und von der abendlichen Sonne beschienen, die Wallfahrtskirche.
Wir taten wie alle anderen auch – auf den Knien rutschten wir zum Gnadenbilde hin, und ich wunderte mich nur darüber, daß der Mensch auf den Knien so gut gehen kann, ohne daß er es gelernt hatte.
Wir besahen an demselben Abende noch die Kirche und auch die Schatzkammern. An den gold- und silberstrotzenden Schreinen hatte ich lange nicht die Freude, wie an den unzähligen Opferbildern, welche draußen in den langen Gängen hingen. Da gab es Feuersbrünste, Überschwemmungen, Blitzschläge, daß es ein Schreck war. Es ist kaum eine Not, ein menschliches Unglück denkbar, das in der Zellerkirche nicht zur bildlichen Darstellung gekommen wäre.
Wir stiegen auch auf den Turm; das war unerhört weit hinauf in den finsteren Mauern, und wie oft mochte der Rockschoß meines Vaters hin und her geschlagen haben, bis wir oben waren! Und endlich standen wir in einer großen Stube, in welcher zwischen schweren Holzgerüsten riesige Glocken hingen. Ich ging zu einem Fenster und blickte hinaus – was war das für ein Ungeheuer? Eine Kuppel der Nebentürme hatte ich vor Augen. Und, du heiliger Josef! Wo waren die Hausdächer? Die lagen unten auf dem Erdboden. – Dort auf dem weißen Streifen krabbelte eine Pilgerschar heran. Als der Türmer dieselbe gewahrte, hub er und noch ein zweiter an, den Riemen einer Glocke zu ziehen. Diese kam langsam in Bewegung, der Schwengel desgleichen, und als derselbe den Reifen berührte, da gab es einen so gewaltigen Schall, daß ich meinte, mein Kopf springe mitten auseinander. Ich schmiegte mich wimmernd an

meinen Vater, der war so gut und hielt mir die Ohren zu, bis die Pilgerschar einzog und das Läuten zu Ende war. Nun sah ich, wie die beiden Männer vergeblich an den Riemen zurückhielten, um die Glocken zum Stillstand zu bringen; hilfsbereit sprang ich herbei, um solches auch an einem dritten nieder-

schlängelnden Riemen zu tun – da wurde ich schier bis zu dem Gebälke emporgerissen.
»Festhalten, festhalten!« rief mir der Türmer zu. Und endlich, als die Glocke in Ruhe und ich wieder auf dem Boden war, sagte er: »Kleiner, kannst wohl von Glück sagen, daß du nicht beim Fenster hinausgeflogen bist!«
»Ja«, meinte mein Vater, »könnt' denn da in der Zellerkirchen auch ein Unglück sein?«
Abends waren wir noch spät in der Kirche; und selbst als sich die meisten Wallfahrer schon verloren hatten und es auch an dem Gnadenaltare dunkel war bis auf die drei ewigen Ampeln, wollte mein Vater nicht weichen. Gar seltsam aber war's, wie er sich endlich von seinen Knien erhob und in die Gnadenkapelle hineinschlich. Dort griff er in seine Rocktasche, langte den von mir unerforschten Gegenstand hervor, wickelte das graue Papier ab und legte ihn mit zitternder Hand auf den Altar.
Jetzt sah ich, was es war – ein Eisenzahn von unserer Egge war es. –
Und am anderen Tage gegen Abend, als wir meinten, unsere Kirchfahrt so verrichtet zu haben, daß Maria und unser Gewissen zufrieden sein konnten, gingen wir wieder davon.
»Behüt dich Gott, Maria Zell«, sagte mein Vater, »und wenn Gott es will, so möchten wir noch einmal kommen, bevor wir sterben –«
Dann gingen wir bis Wegscheid, dort hielten wir nächtliche Rast. Und am nächsten Tage überstiegen wir wieder den Berg und durchwanderten das Veitschtal. Als wir zu den Bauernhäusern kamen, wo wir auf dem Hinweg zur Nacht geschlafen hatten, überreichte mein Vater der Bäuerin ein schön bemaltes Bildchen von Maria Zell.

Als wir am Abende desselben Tages heimgekommen waren und uns zur Suppe gesetzt hatten, soll ich, den Löffel in der Hand, eingeschlafen sein.

Herbst

Als wir zur Schulprüfung geführt wurden

Auf der Schule in Krieglach-Alpel habe ich mehr gelernt als auf allen übrigen Schulen zusammen. Die Wissenschaften und Künste, die ich mir auf dieser Hochschule angeeignet, sind nicht wieder vergessen worden: Lesen, Schreiben und die absolute Gewißheit, daß zwei mal zwei vier ist!

Der Holzbauernhof, in welchem der alte Michel Patterer die Alpelschule gegründet hatte, lag dreitausendvierhundert Fuß über dem Meere, und so konnte der Mann, welcher sonst nichts weniger als ehrgeizig war, seinem Institut die Bezeichnung »Hochschule« mit Fug und Recht beilegen. Dieser Michel Patterer war früher ordentlicher Lehrer in Sankt Kathrein am Hauenstein gewesen; weil er es im Jahre 1848 ein wenig mit der neuen Mode hielt – der alte besonnene Mann wird gewußt haben, warum –, so wurde er von der kirchlichen Behörde kurzerhand entlassen und davongejagt. Der alte Mann kam nach Krieglach-Alpel, um sich durchzubetteln, allein die Alpler Bauern standen zusammen und sagten: »Bettler haben wir ohnehin zu viele, aber Schulmeister haben wir keinen, und dahier keinen gehabt, seit die Welt steht. Machen wir ihn zum Schulmeister, unsere Kinder sollen lesen und schreiben lernen; nützt's nichts, so schadet's nichts.«

Der Michel blieb in Alpel und ging mit seinen Wissenschaften hausieren von Hof zu Hof. Je eine Woche lang wurde die Schule in einem und dem anderen der dreiundzwanzig Höfe abgehalten, wo die Kinder der Gemeinde in der Gesindestube zusammenkamen, sich um den großen Tisch setzten und lernten. Wenn die Bäuerin kam, um auf dem Tische ihren Strudelteig auseinanderzuziehen, oder das Gesinde, um Mittag zu essen, mußte freilich der Tisch geräumt werden. Die Schulkinder gingen hinaus, aßen ihr mitgebrachtes Stück Brot; der Schulmeister setzte sich zu den Knechten und Mägden und tat etwas, wozu damals nicht jeder Schulmeister das Talent hatte – er aß sich satt. Außer der Schulzeit machte er sich in dem betreffenden Hofe auch noch dadurch nützlich, daß er Streu hackte, Heu machen oder Dung führen half und dergleichen. Dabei hatte er stets die ruppige braune Lodenjacke am Leibe, die er vom Grabelbauer geschenkt erhalten, und den Seidenzylinder auf dem Kopf, den ihm der alte Dechant zu Birkfeld einmal verehrt hatte in früheren Tagen. Er hatte niemanden mehr auf der Welt als seine Schulkinder, denen er sein Bestes gab, und wenn er zur nächtlichen Stunde draußen in der Heuscheune lag, ein wenig fröstelnd vor Kälte und ein wenig schwitzend vor Sorge um sein nahes hilfloses Alter, da mag er sich wohl gedacht haben: Wie wunderlich geht's doch zu auf dieser Welt.

Jahrelang hatte sich um unsere Alpelschule niemand geküm-

mert, sie war weder anerkannt noch verboten, und da der Mann von der Gemeinde verköstigt wurde, so ging die Sache weiter eigentlich niemanden was an.
Doch, doch! – Da ist oben im Gebirge ein Mensch mit dem neumodischen Geiste, und der unterrichtet die Kinder! Da kann etwas Sauberes herauskommen! Wie steht's mit der Religion? Werden die Kinder wohl auch zur heiligen Beichte vorbereitet? Zur Kommunion, zur Firmung? – Das müßte man doch einmal näher besehen! – Und eines Tages hieß es: Eine große Geistlichkeit kommt nach Alpel, und es wird strenge Prüfung sein!
Der alte Schulmeister sagte nichts dazu, und es war ihm nicht anzumerken, ob er sich fürchte oder freue.
Indes schlief alles wieder ein, und die »große Geistlichkeit« kam nicht. Hingegen war im Frühherbste desselben Jahres etwas anderes. Als in der Krieglacher Ortsschule zum Schlusse des Schuljahres der Tag der Prüfung nahte, zu welchem stets auch der Dechant aus Spital erschien und andere Geistliche und Schulaufseher und Lehrer aus Nachbarspfarreien, kam unserem Michel vom Ortsschulrate der Befehl zu, er habe sich mit seinen Schulkindern am Tage der Prüfung im Schulhause zu Krieglach einzufinden. Und jetzt ging die Not an. Die Schule in Alpel war während der dringenden Feld- und Wiesenarbeiten geschlossen gewesen. Der alte Michel mußte nun von Haus zu Haus gehen, um die Kinder zusammenzusuchen und ihnen zu sagen, daß sie sich am nächsten Dienstag beim Holzbauer zu versammeln hätten, hübsch im Sonntagsgewande, fleißig gewaschen und gut gekämmt, wie als ob sie am Ostertage in die Kirche gingen. Und die Schulsachen mitnehmen! Wir Kinder wußten nicht recht, was das zu bedeuten

habe und was das sei: eine Prüfung! Und unsere Eltern wußten es auch nicht. Aber sie meinten, es würde schon was Rechtes sein, sonst wäre vom Sonntagsgewand nicht die Rede. Nur ein alter Kleingütler, der auf den Häusern umherzuklettern pflegte, um den Bauern ihre Strohdächer auszuflicken, hatte über die absonderliche Sache seine Bedenken. – Eine Prüfung! Ob die kleinen Buben etwa schon tauglich wären zu Soldaten gegen die Franzosen! Man dürfe nicht trauen! Wer heutzutag' einen kleinen Buben habe, der solle ihn verstecken! – Solcher Meinung waren die Bauern nicht, und der Heidenbauer fragte frischweg: »Wir von Alpel brauchen unsere Buben nicht zu verstecken, wir können sie schon herzeigen.«

Trotzdem gab es unter den Schulkindern etliche, denen das Ding mit der Prüfung nicht ganz geheuer vorkam. Aber an dem bestimmten Dienstage fanden wir uns fast vollzählig ein beim Holzbauer. Es dürften unser achtzehn bis zwanzig Kinder gewesen sein. Der Schulmeister hatte sich auf das allerbeste herausgeputzt. Er hatte blankgewichste Stiefel, hatte ein schwarzes Gewand an, welches er von einem ehemaligen Kollegen, dem Lehrer in Rattan, ausgeborgt; sein mageres Gesicht war glatt rasiert, das dünne graue Haar glatt über den Scheitel zurückgekämmt. Am Halse stand sogar ein schneeweißer Hemdkragen hervor, ähnlich der Halsbinde eines Geistlichen, und als er nun auch den fast ganz glatt gebügelten Zylinder auf das Haupt setzte, da dachte ich mir: Mit unserem Schulmeister brauchen wir uns nicht zu schämen.

Wir hatten jedes zu Hause je nach Umständen unser Frühstück verzehrt und machten uns nun auf den weiten Weg nach Krieglach. Unterwegs durch die Wälder gab der Schulmeister mehrere Verhaltungsmaßregeln aus: die hohen Herren höflich grüßen, beim Namensrufe sogleich aufstehen (in der Alpelschule blieben wir nämlich beim Ausgefragtwerden sitzen), auf die gestellten Fragen hübsch laut und deutlich antworten; wenn wir was geschenkt bekämen oder gar in Häuser zum Essen geladen würden, fein artig sein, und schön' Dank sagen! Und halt so weiter. Ob von den Prüfungsgegenständen selbst die Rede war, daran kann ich mich nicht erinnern; der Schulmeister schien der Sache sicher zu sein.

Das Wetter war trüb, neblig, frostig; ohne eigentlich zu regnen, troff es von den Bäumen. Zum Sandhügelkreuz gekommen, wo im Tale der Ort stattlich vor uns ausgebreitet lag, machten wir halt. Der alte Michel riß Sauerampferblätter ab, um einzelnen der Kinder damit die Schuhe zu reinigen, und auch wo es sonstwo und –wie an uns auszubessern und fürsorglich zu schlichten gab, tat er's. Waren ja doch die allermeisten von uns, besonders die Dirndln, das erste Mal in der weiten Welt und sahen einem äußerst ungewissen Schicksale entgegen. Enge aneinandergeschlossen marschierten wir hinter unserem Schulmeister drein durch das große Dorf und der Kirche zu, neben welcher das Schulhaus stand. Das war ein anderes Schulhaus, als wir deren in Alpel hatten, das stand mit seiner doppelten Fensterreihe da wie ein Schloß, und jedes Fenster war so groß, daß ein Reiter auf hohem Roß ganz bequem durch ein solches aus- und einreiten hätte können. Wir durften aber nicht einmal bei der Tür hinein. Denn davor stand eine kleine alte Frau mit Brillen auf der Nase, diese schaute uns prüfend an und sagte, wenn wir die Kinder aus Alpel wären, so sollten wir uns in die Brennholzhütte hineinsetzen und warten, die Herren hätten eben die Dorfkinder in der Arbeit; wenn sie mit diesen fertig wären, würden wir schon gerufen werden. Als wir drin

waren, schlug sie das Lattentor hinter sich zu, so daß es sich anhörte, als wären wir eingesperrt.
Im Schuppen waren aufgeschichtete Stöße von Holzscheiten, darauf setzten wir uns und waren recht kleinlaut. Der alte Schulmeister war immer unter uns. Er sagte gar nichts, schnupfte aber sehr oft aus seiner Dose. Nach einer Stunde ungefähr, als unsere Beine schon steif und unsere Nasen schon blau geworden waren, hörten wir vom Hause her ein lebhaftes Getrampel, als ob eine Schar Ziegen über die Stiege liefe. Bald darauf stoben die freigewordenen Dorfkinder auseinander, und wir sahen, wie viele derselben schöne Sachen bei sich hatten, die sie betrachteten und einander zeigten. Da hatten sie Bildchen, rotgebundene Büchlein mit Goldschnitt und in Seidenbändchen gefaßte Silbermünzen. Unser Schulmeister sagte uns, daß solches die Prämien wären, womit die fleißigen Schüler bei der Prüfung belohnt würden. Er deutete nicht an, ob etwa auch uns derlei bevorstünde, für uns gewann aber die bevorstehende Prüfung nun ein anderes Ansehen. Wir wurden gerufen.
Ehrerbietig und leise schritten wir die Treppe hinauf und in das Zimmer hinein. Das war sehr groß und weiß und licht und hatte Bankreihen und roch nach Kindern. Und an der Wand stand eine Kanzel mit Bücherstößen. Und daneben lehnte eine große schwarze Tafel, auf welcher noch die Kreideziffern einer Rechnung standen. Beim Anblicke dieser Zahlen ward mir sofort übel, denn sosehr ich die Buchstaben stets geliebt, so sehr habe ich die Ziffern von jeher gefürchtet. Wir setzten uns auf Befehl stolpernd in die Bänke und packten unsere Schulbücher und Schiefertafeln aus. Der alte Schulmeister war nahe an der Tür stehengeblieben, hatte unsere Ordnung gemustert

und machte nun, als die Herren hereintraten, eine tiefe Verbeugung. Die Herren waren freilich darnach. Da war ein schlanker, ältlicher Priester in schwarzem Talar – der Pfarrer von Krieglach; dann ein junger, ebenfalls schlanker Geistlicher mit einem sehr ernsthaften Gesichte, das war der Kaplan; hernach ein wohlbeleibter, rund- und rotgesichtiger Herr mit einer recht großen Glatze – das war der Dechant aus Spital am Semmering. Ferner noch mehrere Herren in schwarzem Gewande und mit dunklen und roten Bärten und funkelnden Augengläsern. Sie musterten uns mit scharfen Blicken, und einer oder der andere zuckte wohl gar ein wenig die Achseln, gleichsam als bedauerte er, solche arme Hascherln so weit hergerufen zu haben für nichts und wieder nichts. Denn es waren gar kümmerliche Figürlein und gar einfältige Gesichtlein unter uns. Man könne sich's ja denken, flüsterte einer der Herren zu seinem Nachbarn, wenn die Kinder aufwachsen wie die Tiere im Walde, und ein solcher Lehrer dazu! Man könne sich's ja denken!

Da war unter den würdigen Herren auch ein kleiner dicker Kumpan mit stets zwinkernden Äuglein und schmunzelnden Lippen. Er war, soviel ich weiß, ein Gerbermeister und der »Schulvater« einer Nachbarsgemeinde, er war gekommen, um bei der Prüfung auch sein Gewicht geltend zu machen. Dieser nun trat allsogleich vor, nahm einen Jungen der ersten Bank aufs Korn und fragte ihn: »Wieviel hat dein Vater Kinder?«

»Mein Vater hat sieben Kinder«, antwortete der Kleine.

»Und wieviel hat dein Vater Finger?«

»Mein Vater hat zehn Finger.«

»Falsch«, rief der dicke ›Schulvater‹, »wenn dein Vater sieben Kinder hat, so hat er wahrscheinlich achtzig Finger.«

Auf das gab's ein paar laute Lacher, der gefragte Schüler aber schaute verblüfft drein.

Der Fragesteller wandte sich zur zweiten Bank. »Jetzt will ich dem saubern Dirndl dort eine andere Aufgabe stellen. Wenn auf einem Kirschbaum zehn Gimpel sitzen und ich schieße einen herab, wie viele bleiben oben?«

Das Mädchen stand auf und antwortete: »So bleiben neun oben.«

Zog der »Schulvater« ein sehr schlaues Lächeln und sagte: »Ich glaube, es wird gar keiner oben bleiben, denn die neun übrigen werden davonfliegen.«

Jetzt trat der alte Michel ein paar Schritte aus seinem Hintergrund und, mit gefalteten Händen gegen den Fragesteller gewendet, sagte er sehr demütig: »Wenn ich recht schön bitten dürfte, die Kinder nicht verwirrt zu machen!«

»Ich meine, daß wir in der Schule sind«, nahm nun der Dechant ernsthaft das Wort, »und weil wir gerade auch beim Rechnen sind, so will ich den dort, den Kleinen mit dem roten Brusttuch fragen.«

Der Kleine mit dem roten Brusttuch war ich.

»Paß nur einmal auf, mein Bub«, sagte der Dechant. »Ein Bauer hat einen Tagelöhner, dem er für den Tag sechsunddreißig Kreuzer Lohn gibt; wieviel Gulden wird er ihm für die Woche schuldig?«

»Wenn der Bauer«, begann ich abzuhaspeln, »dem Tagelöhner sechsunddreißig Kreuzer gibt, so wird er ihm in der Woche schuldig – in der Woche schuldig ...« Ich weiß es noch genau, wie mir in jenem Augenblicke zumute war. Als ob ich auf einer sehr hohen Leiter stünde, welche zu schaukeln beginnt. Der alte Michel ruft mir noch zu: »Halt dich fest!« Aber ich sehe und taste keine Sprossen mehr, alles um mich wird blau und voll kreisender Sterne, ich stürze. Als ich wieder zu mir kam, hörte ich nur, wie unser Schulmeister entschuldigend sagte: »Das ist halt von den Schwächeren einer.«

Ich setzte mich nieder.

An derselben Frage bissen sich noch ein paar andere die Zähne locker. Der eine antwortete, der Bauer würde dem Tagelöhner für die Woche drei Gulden sechsunddreißig Kreuzer schuldig; der andere behauptete, der Lohn für die ganze Woche mache vier Gulden zwölf Kreuzer. Endlich stellte es sich heraus, daß beide recht hatten, nur daß letzterer die Sonntagsruhe nicht beachtet hatte. Diesen fragte daher der Pfarrer von Krieglach ziemlich scharf: »Wie lauten die zwei ersten der Kirchengebote?«

Rasch antwortete der Schüler: »Erstens, du sollst den Feiertag heiligen, zweitens, du sollst die heilige Messe mit gebührender Andacht hören.«

»Sehr brav! Nun möchte ich aber von deinem Hintermann hören, wie viele bei dem bethlehemitischen Kindermorde der König Herodes Mädchen töten ließ?«

Der Hintermann war wieder ich, aber diesmal kam er mir recht. »Mädchen gar keins«, war meine Antwort.

»Nun, wie kannst du mir das beweisen?«

»Ich kann's beweisen damit, daß der Herodes nur Knaben aufsuchen und töten ließ, weil er den kleinen Jesus umbringen wollte.«

»Ah, vortrefflich!« riefen mehrere. Und der Pfarrer sagte gegen den alten Michel gewendet: »Das ist eine Antwort, die ich von Ihrer Schule nicht erwartet hätte.«

Der alte Mann verneigte sich und sagte: »Religion macht den

Kindern die meiste Freude. Ich lasse halt Evangelium lesen, und was sie von selber nicht verstehen, das erkläre ich ihnen durch Beispiele.«
»Du Schwarzäugige dort unten«, rief jetzt wieder der Dechant drein: »Wie oft soll der katholische Christ beichten?«
»Der katholische Christ soll jährlich wenigstens einmal beichten und zur österlichen Zeit das heiligste Sakrament des Altars empfangen.«
Auf dem Gesichte des »Schulvaters« war die spöttische Miene gänzlich vergangen.
Nachdem in der Religion noch mehrere Fragen klipp und klar beantwortet worden waren, ließ der Pfarrer aus dem Lesebuche ein Stück biblischer Geschichte des alten Testamentes laut lesen, jeden durch die Bank nur wenige Sätze. Das ging flott, und die Herren schauten einander nur so an.
»Wieviel haben Sie in Ihrer Schule Klassen?« fragte der Dechant unseren Schulmeister.
»Eigentlich nur eine oder gar keine«, antwortete dieser. »Ich teile nicht ab. Wir arbeiten halt fort, bis sie lesen, schreiben und ein bißchen rechnen können.«
Nun verlangte man, daß wir unsere Tafeln zum Schreiben bereitmachten. Der Dechant gab folgendes Diktat: »Der Geist des Herrn wich von Saul und ließ einen bösen Geist über ihn kommen, der ihn plagte. Und siehe, Saul schlug Tausende und David Zehntausende, denn mit David war der Segen Jehovas.«
Das Diktando war durchgehend fast fehlerlos, nur mir passierte anstatt des heiligen Namens Jehovas ein dummes »J. Hofers«, was sie aber wieder damit entschuldigten, daß ich einer der Schwächsten sei. Die Schriften der übrigen waren so, daß

die Herren untereinander sagten: »In der vierten Klasse einer Bürgerschule selbst wäre ein solches Resultat glänzend zu nennen!«

Unser alter Schulmeister stand immer gleich demütig im Hintergrunde.

»Aha, die hat's doppelt!« sagte der Pfarrer plötzlich, als er die Schiefertafel eines Dirndls umgewendet hatte und dieselbe dem Dechanten hinhielt. Die kleine Eigentümerin stand auf und sagte: »Das Hintere gilt heute nicht, das ist noch von der Schul' her.«

»Wollen einmal sehen, was ihr in eurer Schule für ein Diktando habt«, sprach der Dechant und las laut die Schrift auf der Rückseite der Tafel: »Edel sei der Mensch, hilfreich und gut, das allein unterscheidet ihn von anderen Geschöpfen.«

Sie neigten die Köpfe, und der Dechant murmelte: »Nicht übel! Nur schade, daß es von einem alten Heiden ist.«
Damit war die Prüfung beschlossen. Die Herren hatten sich zusammengestellt und sprachen leise miteinander. Der Pfarrer schüttelte die Achseln und machte mit den ausgebreiteten Händen eine Geste, die wir erst verstanden, als er sich zu uns wendete und sprach: »Liebe Kinder! Wir sind mit euch sehr zufrieden. Ihr habt auch Belohnungen verdient, aber ihr müßt warten, wir haben heute schon alle ausgegeben; sie werden euch nachgeschickt werden. Fahrt nur so fort, lernet fleißig, und vergesset die Gebote Gottes und der heiligen Kirche nicht.«
Und dann konnten wir gehen. Der alte Michel machte vor den Herren noch seine ehrerbietige Verneigung und ging mit uns. An der Tür soll ihm im Vorübergehen der »Schulvater« ins Ohr geraunt haben: »Die anderen haben es nicht halb so gut gemacht!«
Hernach standen wir auf dem Kirchplatze noch ein bißchen so herum; endlich fand unser Schulmeister, daß es Zeit sei, den Heimweg anzutreten. Die Wohlhabenden kauften noch im Bäckerladen je eine Semmel, wir anderen erquickten uns unterwegs an frischen Quellen und stellten Mutmaßungen an, wann wir die Prämien nachgeschickt erhalten und worin sie bestehen würden. Der alte Schulmeister nahm aus seiner Dose eine Prise um die andere und schwieg.
Auf die Prämien warten wir noch heute.

Allerheiligen (1. November)

Als ich das Ofenhückerl war

Warum es so frostig wird heutzutage? Warum wir gefroren sind? Weil wir keinen ordentlichen Ofen mehr bauen können. So recht gemütlich ist nur der große, breite, behäbige Kachelofen mit seinen grünen oder braunen Augenreihen, mit seinem Holzgeländer und seiner Ofenbank. Die Ofenbank, wo die Kindheit und das Alter hocken, das Enkelein und die Großmutter – und die alten Märchen!

Daheim in meinem Vaterhause, da stand so einer! Ganz hinten in der linken Stubenecke, wo es immer etwas dunkel war. Über der breiten Ofenbank, die sich um ihn herumzog, war eine Reihe viereckiger Plattkacheln und darüber in weißem Lehm eingefügt die runden Kacheln mit hervorquellenden Bäuchen, in welchen sich die lichten Stubenfenster mit ihren Kreuzen spiegelten. Der Ofen strebte breit auf und wölbte sich oben in Kacheln sachte zusammen. Wenn man fragte, wie alt er sei, so antwortete der Vater: »Mein Ähndl wird ihn haben setzen lassen oder der Urähndl.« Freilich wurde jeder kleine Schaden an ihm sofort verkleistert und mit weißem Lehm übertüncht, freilich wurden ihm fast alle Samstage die großen Augen gewaschen, so daß er immer jung und frisch in die Stube schaute.

Umfriedet war er von dem leiterartigen Geländer, an das die Mutter unsere frischgewaschenen Hemden zum Trocknen hing. Denn warm war es bei diesem Ofen immer, selbst im Sommer, wo sonst der Brunnentrog warm und der Ofen kalt zu sein pflegt. Er wurde überhaupt nie kalt, und es mochte sein, wie es wollte, es mochte regnen oder schneien oder winden – auf der Ofenbank war's immer gut. Und wenn draußen der Sturm toste in den alten Fichten und der hölzerne Hirsch an der Wand klapperte, und wenn die Blitze zuckten, daß die ganzen Berge über dem Graben drüben grün und gelb waren, und wenn der Donner schmetterte, als breche schon der Dachstuhl nieder mitsamt dem Giebel und seinen Schwalbennestern, da dünkte mich die Ofenbank der sicherste Ort, wohin das Verderben so leicht nicht reichen könne. Kurz, die Ofenbank war mir der trauteste Mittelpunkt des heimatlichen Nestes. Lange Zeit hatte ich mein Bett auf derselben. Ich lag auf der Ofenbank, als ich so klein war, daß im Munde noch der »Zutzel« und zwischen den Beinen noch die Windel stak; ich lag auf der Ofenbank, als ich so krank war, daß die Mutter mich dem Himmel gelobte, wenn er mich nicht zu zeitlich nähme (das wurde später rückgängig gemacht, weil das Geistlichwerden Geld kostete). Ich lag auf der Ofenbank, als ich so dumm war, allmorgendlich die Oberlippe mit Seife einzureiben, damit der Schnurrbart endlich wachse. Ich lag auf der Ofenbank viel später, als der Bruder Jakob mir den Bart wegkratzte, weil er mir zuwider war. Und wenn ich in früheren Zeiten dort so lag, da hörte ich manchmal hinter den Kacheln drin leise das Feuer knistern, wenn die Mutter morgens eingeheizt hatte; es wurde wärmer, aber es wurde nicht schwül um mich. Es wurde nie kalt, und es wurde nie heiß, und wenn mir einer so einen

alten Kachelofen plump und unförmig schimpft, so gehe ich ihm ans Leder. Denn über den besten Freund unseres Hauses lasse ich nichts kommen.
Er gab uns nicht allein Wärme, er gab uns auch Brot. Alle zwei Wochen einmal war Backtag. Man kennt die Stattlichkeit der Brotlaibe bäuerlicher Herkunft; solcher Laibe ihrer vierzehn hatten nebeneinander Raum auf dem glühheißen Steinboden drinnen.
Während der Ofen also das Brot buk, hatte unsere Mutter besondere Acht auf ihn. Da durfte kein feuchter Lappen in seiner Nähe hängen, da durfte in der Stube keine Tür und kein Fenster aufgemacht werden, damit kein ungebetenes Lüftchen

den braven Ofen anwehe und seine Frucht etwa beeinträchtige. Zwei Stunden lang dauerte die Backzeit, und da war es in der Stube allerdings so, daß nicht bloß die Heiligen schwitzten auf dem Hausaltare, sondern auch alle Fenster – selbst im hohen Sommer. Die Fenster sind sonst nicht so wie unsereiner, der im Sommer schwitzt; die Fenster schwitzen im Winter, wenn's drinnen wärmer ist als draußen. Aber beim Backen gab's eine Ausnahme. Einmal stieß in solch heikler Stunde des Backens der Wind ein Fenster auf: was geschah? Die Brotlaibe, die schon angefangen hatten aufzuschwellen, fielen in sich zusammen und blieben spickig wie ein Klumpen Schmalz. Nicht ein so großes Löchelchen im Innern des Laibes, daß man ein Haferkorn, geschweige eine Erbse drin hätte verstecken können! Damals hat die Mutter geweint. Wir aßen das Brot in der Suppe wie sonst. »Wenn's den Laib im Ofen nicht auftreibt, so treibt's den Magen auf«, heißt es, und so war's auch.

Am Backtag gab's für mich kleinen Buben allemal eine säuerliche Freude. Denn bevor das Brot in den Ofen kam, mußte ich hinein. Aber zum Glück nicht nach dem Feuer, sondern vor demselben. Da war's etwas staubig drinnen und rußig und ganz finster. Mit einem Besen aus Tannenreisig hatte ich den Steinboden des Ofens auszufegen, Kohlen, Asche fortzuschaffen und dann die großen Holzscheiter übereinander zu schichten, die mir die Magd zum Ofenloch hineinsteckte. Ich weiß nicht, ob die Spanier im Mittelalter auch so geschichtet haben: zuerst eine Brücke geradeaus, darüber eine Brücke in die Quere, dann wieder eine geradeaus und eine in die Quere usw. So baute ich den Scheiterhaufen, und so brennt's am besten. Die Scheiter waren anderthalb Ellen lang, und als das Gebäude aufgeführt war bis fast zur Wölbung, da engte es sich arg, und

da kroch ich ringsherum, zu sehen oder vielmehr zu tasten, ob es gut war – und dann zum Loch hinaus.
Zum Lohn für solch finstere Taten bekamen wir Kinder jedes ein frischgebackenes Brotstriezlein, welches wir gleich in noch dampfendem Zustand verzehrten.
Wie die Scheiter gebaut wurden, ist schon gesagt worden. Alsdann den Stoß anzünden, brennen lassen, ausglühen lassen, die Glut mit einem Krückstock auseinanderziehen, dann herauskratzen und mit der Ofenschüssel, einer langbestielten Holzscheibe, die kugelrunden Teigklumpen hineinschießen. »Einschießen«, ja, das war der Ausdruck dafür. Ich vermute, die Mutter hat während des Einschießens allemal ein heiliges Gelöbnis gemacht: Einen Rosenkranz extra will sie beten, oder einem Bettler besonders will sie ein großes Stück Brot schenken, wenn's gelingt. Denn wie ich schon angedeutet – allemal gelang es nicht.
Einigemal lieferte uns der Ofen etwas besonders Gutes. Ein strudelartig breit und dünn ausgewalzter Teig wurde in den heißen Ofen geschossen; nach einiger Zeit kam die Platte heraus, hatte eine bräunliche Farbe und war hart und spröde wie Glas. Schon das war fein zu knuspern. Nun kam aber die Mutter, zerkleinerte mit dem Nudelwalzer knatternd diese Scheibe aus Mehl, tat die Splitter in eine Pfanne, wo sie geschmort und geschmälzt wurden. Das war hernach ein Essen! Scharlbrot wurde es genannt. Ich habe diese ganz eigenartig wohlschmeckende Speise sonst nirgends wieder gefunden.
Der Ofen hatte auch noch andere Verpflichtungen: Er dörrte das Korn, bevor es in die Mühle kam. Denn da oben im Gebirge will's nicht recht trocknen, und so mußte das Korn auf den heißen Boden hinein, wo es mit dem langstieligen Krücklein

fortwährend umgerührt ward. Desgleichen dörrten wir im Ofen auch das »Hablam«, trockene Blüten- und Samenabfälle des Heues, aus welchem ein sehr geschätztes Mehl für Mastvieh bereitet wurde. Auch Kirschen, Heidelbeeren und Pilze machte uns die Ofenhitze solchermaßen tauglich zum Aufbewahren für den Winter.

Einmal – und das ist's, was ich eigentlich erzählen will – war es so, als sollte in unserem großen Ofen auch Fleisch gebraten werden.

So um Allerheiligen herum war ein junger, schlank gewachsener Vagabund zu uns gekommen. Ich weiß nur noch, daß er sehr lange Beine hatte und im Gesicht eine platte Nase und darunter eine Hasenscharte. Er schien soviel als erwachsen, hatte aber das Stimmlein wie ein Knabe. Und mit diesem Stimmlein fragte er ganz hell und grell meinen Vater, ob er über den Winter dableiben dürfe.

»Das ledige Herumzigeunern ist halt nur im Sommer lustig«, antwortete ihm mein Vater. »Nun, wenn du dreschen willst, so kannst bleiben. Kost und Lagerstatt wirst dir doch verdienen.«

Der Bursche war nicht blöde, tat gleich, als ob er bei uns zu Hause wäre, und beim Nachtmahl erzählte er laut, daß er vor kurzem in einer Gegend gewesen sei, wo es ein sehr gutes Essen gab: Das Kraut wäre gezuckert gewesen, der Sterz mit Wein geschmalzen, und die Knödeln wären durch und durch schwarz gewesen vor lauter Weinbeerln.

Darob wurde der Junge ausgelacht, und unser Stallknecht sagte: Die Sachen wären ja nicht schlecht, aber anders gemischt müßten sie sein: zum Sterz die Weinbeerln, zum Wein der Zucker und zu den Knödeln das Kraut. Hernach sagte der

Kaunigl – so nannte sich der Bursche mit seinem Kinderstimmlein –, er habe auch schon Schaben in Buttertunke gegessen, die seien sehr gut! Worauf ihm mein Vater den Rat gab, er soll stille sein.

Nach dem Essen, als kaum das letzte Kreuz gemacht war, zog der Kaunigl ein Päckchen Spielkarten aus der Hosentasche, mischte es mit kundiger Hand, warf für drei Personen ein Spiel aus und blickte fast erstaunt umher, ob denn keiner mittun wolle. Ich lugte hin nach den leicht geschweiften Karten mit den Eicheln auf dem Rücken und den bunten Figuren, die der Kaunigl so glatt abzulegen und so schön pfauenradförmig in der Hand zu halten wußte. Ich wollte schon anbeißen, da fuhr der Vater drein: »Weg mit den Karten! Morgen ist Allerseelentag! Denkts aufs Beten!«

Am nächsten Tage, während der Vater in der Kirche war, saßen wir, der Kaunigl und ich, in der Flachskammer und spielten Karten. Ich mußte erst die Blätter kennenlernen, aber merkwürdigerweise wurde ich mit den zweiunddreißig Kartenfiguren viel leichter vertraut als ein Jahr vorher mit den sechsundzwanzig Buchstaben. Leider kam die Mutter um einen Rocken für ihr Spinnrad, sie verdarb alles. »Aber Buben!« sagte sie. »Erbarmen euch die armen Seelen nicht, daß ihr so was treibt am heutigen Tag?!« Wir verzogen uns. Aber der Hasenschartige hatte mir's schon angetan. Er wußte und konnte allzu viele merkwürdige Sachen, die noch dazu verboten waren!

An einem der nächsten Tage hockten wir im Heustadl auf einem Futterhaufen und spielten wieder Karten. Ich hatte folgende Fortschritte gemacht, daß mir nicht bloß die Figuren, sondern auch schon sehr viele Spiele bekannt waren. So taten wir »zwicken«, »brandeln«, »mauscheln«, »bettlerstrafen«,

»königrufen«, »grün' Buben suchen«, »pechmandeln«, »mariaschen« und anderes. Weil kein Tisch war, so legten wir die Karten aufs Knie, zwickten sie zwischen die Beine, und der Kaunigl steckte seine Trümpfe sogar einmal in die Hasenscharte. Keuchte jählings das alte Everl die Leiter herauf. Wir verhielten uns im dunkeln Raum mäuschenstill, aber sie hatte uns doch bemerkt. »Buben!« rief sie. »Was tut's denn, Buben?«
»Beten«, gab der Kaunigl zur Antwort.
»Ja, beten! Mit des Teufels Gebetbuch, gelt?« rief das Weiblein. »Wißts es nit, daß der Vater das Kartenspielen nit leiden mag? Wird euch schön sauber der Schwarze bei den Füßen packen und in die Höll' hinabschleifen.« Somit war's mit dem Spiel wieder aus. In die Höll' hinabschleifen, das wär' so etwas!
Am nächsten Sonntage machte der Kaunigl den Vorschlag, daß ich mit ihm ins Wäldchen hinausginge, damit wir bei

unserer Unterhaltung endlich einmal Ruh' hätten. Aber es regnete, und es schneite, und es ging ein kalter Wind, also daß ich der Einladung nicht nachkam. Ob ich aus Papier wäre? piepste hierauf der Kaunigl, daß ich fürchten müsse, vom bissel Regen aufgeweicht zu werden und auseinanderzufallen! Im Wassergraben habe er seiner Tage am besten geschlafen, und so wie er schwarze Erde mit Brennesseln esse, wenn er sonst nichts habe, so wolle er sich in Ermangelung eines Bettzeuges nackend in Schnee einwickeln, und ich solle lieber in der Mutter ihren Kittel hineinkriechen. – Aber schon an demselben Nachmittag kam der Kaunigl mit einem anderen Vorschlag, den ich annehmen konnte. Die Stube war besetzt vom Vater, der an der Wanduhr etwas zu basteln hatte, und von den Knechten, die ihre Schuhe nagelten. In den übrigen Winkeln des Hauses war es auch nicht sicher, also in den Ofen hinein! In demselben war ein Holzstößlein geschichtet, wir krochen hinter das Stößlein. Nachdem der Kaunigl den Dekkel des Ofenloches zugezogen hatte, zündete er die mitgebrachte Kerze an, tat die Karten hervor, und wir fingen an. Gemütlicheres gibt's gar nicht auf der Welt als in einem großen Kachelofen bei Kerzenbeleuchtung »brandeln« oder »zwicken« oder »mariaschen«. Die rötlich gebrannte Mauer, die schwarzen Kachelhöhlen um und über uns bargen und hüteten, und nun waren wir doch einmal sicher und konnten »fabeln« oder »mauscheln« oder was wir wollten, bis in die späte Nacht hinein. Durch die Kacheln von der Stube hörten wir ein Surren; sie taten Rosenkranz beten, der Kaunigl warf die Blätter auf ein »Brandeln«. Wir spielten um Geld. Gewann er, so blieb ich schuldig, gewann ich, so blieb er schuldig. – Just hatte ich wieder ein schönes Blatt in der Hand: zwei

Könige und drei Säue und den Schell'nschneider, der Trumpf war – da klirrte plötzlich der blecherne Ofentürdeckel. Das Licht war sofort ausgeblasen, und wir verhielten uns still wie zwei tote Maulwürfe. Jetzt geschah etwas Unvorhergesehenes, etwas Schreckliches. Vor dem Ofenloche stand das Everl und fuhr mit einer Spanlunte herein in den Holzstoß, der zwischen uns und dem Ausgang war. Die Flammen leckten an den Scheitern hinauf. Ich zwischendurch und mit einem kreischenden Schrei hinaus, daß das alte Everl vor Schreck in den Herdwinkel fiel. Dem Kaunigl ging's nicht so gut, dem spießten sich die langen Beine, er konnte zwischen Wand und Scheiterstoß nicht sofort heraus, der Rauch verschlug den Atem, und schon hörte man nichts mehr von ihm.

»Der Kaunigl ist drinnen!« schrie ich wie verzweifelt; da wurde mit dem Feuerhaken der brennende Holzstoß Scheit um Scheit herausgerissen auf den Herd, und schließlich wurde mit demselben Krampen ein Häuflein Mensch herausgezogen, das ganz zusammengekauert war wie eine versengte Raupe und dessen Kleider bereits an mehreren Stellen rauchten.

Zwei Schöpfpfannen Wasser goß ihm das Everl ins Gesicht, da wurde der Kaunigl wieder lebendig.

Als jetzt auch einige Spielkarten zum Vorschein kamen, so kannte sich das Everl gleich aus: »Was hab' ich denn gesagt, Buben!« so redete sie. »Hab' ich nicht gesagt, ihr kommts mit dem verflixten Teufelszeug in die Höll'? Im Fegfeuer seids nun schon gewesen.«

Mein Vater wollte den Burschen davonjagen, tat's aber nicht, weil der Bursche nicht darauf gewartet hat.

Mir war von diesem Tage an der alte große Ofen auf lange nicht geheuer; mit seinen grünen Augen schaute er mich so drohend an: Bübel, wirst noch einmal Karten spielen, während die anderen beten?!

Erst als ich wieder brav geworden war, ganz ordentlich und fleißig, blickte mich der Ofen neuerdings freundlich an, und es war wieder so anheimelnd bei ihm wie früher. Später sind seine guten Augen erblindet, dann ist er in sich zusammengesunken wie ein Urgroßmütterlein, und heute geht's ihm, wie es bald uns allen ergehen wird – nichts mehr übrig als ein Häufchen Lehm.

Martinstag (11. November)

Wie ich dem lieben Herrgott mein Sonntagsjöppel schenkte

In der Kirche des Alpendorfes Ratten steht links am Hochaltare eine fast lebensgroße Reiterstatue. Der Reiter auf dem Pferde ist ein stolzer Kriegsmann mit Helm und Busch und einem kohlschwarzen Schnurrbärtchen. Er hat das breite funkelnde Schwert gezogen und schneidet mit demselben seinen Mantel entzwei. Zu Füßen des sich bäumenden Rosses kauert eine Bettlergestalt in Lumpen.

Als ich noch so ein winziger Knirps war, wie er einem ordentlichen Menschen kaum zur Hosentasche hinaufreicht, führte mich meine Mutter gern in diese Kirche. In der Nähe der Kirche steht eine Marienkapelle, die sehr gnadenvoll ist und in welcher meine Mutter gern betete. Als oft kein Mensch sonst mehr in der Kapelle war und vom Turme schon die Mittagsglocke in den heißen Sommersonntag hinausklang, kniete die Mutter immer noch in einem der Stühle und klagte Marien ihr Anliegen. Die »liebe Frauen« saß auf dem Altare, legte die Hand in den Schoß und bewegte weder den Kopf noch die Augen, noch die Hände, und da konnte meine Mutter nachgerade sagen, was sie wollte.

Ich hielt mich lieber in der großen Kirche auf und sah den schönen Reiter an.
Und einmal, als wir auf dem Wege nach Hause waren und mich die Mutter an der Hand führte und ich immer drei Schritte machen mußte, sooft sie einen tat, warf ich meinen kleinen Kopf auf zu ihrem guten Angesichte und fragte: »Warum steht denn der Reiter allfort auf der Wand oben, und warum reitet er nicht zum Fenster hinaus auf die Gasse?«
Da antwortete die Mutter: »Weil du so kindische Fragen tust und weil es nur ein Bildnis ist, das Bildnis des heiligen Martin, der, ein Soldat, ein sehr guttätiger frommer Mann gewesen und jetzt im Himmel ist.«
»Und ist das Roß auch im Himmel?« fragte ich.
»Sobald wir zu einem rechten Platz kommen, wo wir rasten können, so will ich dir vom heiligen Martin was erzählen«, sagte die Mutter und leitete mich weiter, und ich hüpfte neben ihr her. Da wartete ich schon sehr schwer auf das Rasten, und in einem fort rief ich: »Mutter, da ist ein rechter Platz!«
Erst als wir in den schattigen Wald hineinkamen, wo ein platter, moosiger Stein lag, fand sie's gut genug, da setzten wir uns nieder. Die Mutter band das Kopftuch fester und war still, als habe sie vergessen, was sie versprochen. Ich starrte ihr fort und fort auf den Mund, dann guckte ich wieder zwischen den Bäumen hin, und mir war ein paarmal, als hätte ich durch das Gehölz den schönen Reitersmann reiten gesehen.
»Ja, mein Bübel«, begann meine Mutter plötzlich, »allzeit soll man den Armen Hilfe reichen um Gottes willen. Aber so, wie der Martin gewesen, traben heutzutag' nicht viel Herrenleut' herum auf hohem Roß. – Daß im Spätherbst der eiskalte Wind über unsere Schafheide streicht, das weißt wohl, hast dir ja

selber drauf im vorig' Jahr schier die Händchen erfroren. Siehst du, genau eine solche Heide ist's auch gewesen, über die der Reitersmann Martinus einmal geritten an einem späten Herbstabend. Steinhart ist der Boden gefroren, und das klingt ordentlich, sooft das Roß seinen Huf in die Erden setzt. Die Schneeglöcklein tänzeln umher, kein einziges vergeht. Schon will die Nacht anbrechen, und das Roß trabt über die Heide, und der Reitersmann zieht seinen weiten Mantel zusammen, so eng es halt hat gehen mögen. Bübel, und wie er so hinfährt, da sieht er auf einmal ein Bettelmännlein kauern an einem Stein; das hat nur ein zerrissenes Jöpplein an und zittert vor Kälte und hebt sein betrübtes Auge auf zum hohen Roß. Hu, und wie das der Reiter sieht, hält er an sein Tier und ruft zum Bettler nieder: Ja, du lieber armer Mann, was soll ich dir reichen? Gold und Silber hab' ich nicht, und mein Schwert kannst du nimmer brauchen. Wie soll ich dir helfen? – Da senkt der Bettelmann sein weißes Haupt nieder gegen die halbentblößte Brust und tut einen Seufzer. Der Reiter aber zieht sein Schwert, zieht seinen Mantel von den Schultern und schneidet ihn mitten auseinander. Den einen Teil des Kleidungsstückes läßt er hinabfallen zu dem armen zitternden Greise: Hab vorlieb damit, mein notleidender Bruder! Den andern Teil des Mantels schlingt er, so gut es geht, um seinen eigenen Leib und reitet davon.«

So hatte meine Mutter erzählt und dabei mit ihrem eiskalten Herbstabende den schönen Hochsommertag so frostig gemacht, daß ich mich fast schauernd an ihr Busentuch schmiegte.

»'s ist aber noch nicht ganz aus, mein Kind«, fuhr die Mutter fort, »wenn du es nun gleichwohl weißt, was der Reiter mit dem

Bettler in der Kirche bedeutet, so weißt du's noch nicht, was weiter geschehen ist. Wie der Reitersmann nachher in der Nacht daheim auf seinem harten Polster ruhsam schläft, kommt derselbige Bettler von der Heide zu seinem Bett, zeigt ihm lächelnd den Mantelteil, zeigt ihm die Nägelwunden an den Händen und zeigt ihm sein Angesicht, das nicht mehr alt und kummervoll ist, das strahlet wie die Sonnen. Derselbe Bettelmann auf der Heid' ist der lieb' Herrgott selber gewesen. – So, Bübel, und jetzt werden wir weitergehen.«
Da erhoben wir uns und stiegen den Bergwald hinan.
Bis wir heimkamen, waren uns zwei Bettelleute begegnet; ich guckte jedem sehr genau in das Gesicht; ich hab' gemeint, es dürft' doch der liebe Herrgott dahinterstecken.
Gegen Abend desselben Tages, als ich mein Sonntagskleidchen des sparsamen Vaters wegen schon hatte ablegen müssen und nun wieder in dem vielfarbigen Werktagshöslein herumlief und -hüpfte und nur noch das völlig neue graue Jöppel trug, das ich nicht ablegen wollen und mir noch für den Tagesrest erbeten hatte, und als die Mutter auch schon lange wieder bei ihrer häuslichen Arbeit war, eilte ich gegen die Schafweide hinauf. Ich mußte die Schäflein, worunter auch ein weißes Lämmchen als mein Eigentum war, heim in den Stall führen.
Wie ich aber so hinhüpfe und Steinchen schleudere und damit die goldenen Abendwolken treffen will, sehe ich plötzlich, daß dort am Fels ein alter weißköpfiger, sehr arm gekleideter Mann kauert. Da stehe ich erschrocken still, getraue mir keinen Schritt mehr zu tun und denke bei mir: Jetzt, das ist aber doch ganz gewiß der lieb' Herrgott.
Ich habe gezittert vor Furcht und Freude, ich habe mir gar nicht zu helfen gewußt.

Wenn es doch der lieb' Herrgott ist, da muß eins ihm wohl was geben. Wenn ich jetzt heimlauf', daß die Mutter komme und gucke und mir sage, wie ich dran bin, so geht er mir zuletzt gar dieweilen davon, und es wär' doch eine Schand' und ein Spott. Ich denk', sein wird er's gewiß, just so hat derselb' ja auch ausgeschaut, den der Reitersmann gesehen.

Ich schlich einige Schritte nach rückwärts und begann an meinem grauen Jöppel zu zerren. Es ging nicht leicht, es war so fest über dem grobleinenen Hemde oben, und ich wollte das Schnaufen verhalten, ich meinte, der Bettelmann sollte mich nicht zu früh bemerken.

Einen gelbangestrichenen Taschenfeitel hatte ich, nagelneu und just scharf geschliffen. Diesen zog ich aus der Tasche, das Röcklein nahm ich unters Knie und begann, es nun mitten auseinanderzutrennen.

War bald fertig, schlich zum Bettelmann, der halb zu schlummern schien, und legte ihm seinen Teil von meinem Rock zu Häupten. – Hab vorlieb damit, mein notleidender Bruder! Das habe ich ihm still in Gedanken gesagt. Dann nahm ich meinen Teil vom Rocke unter den Arm, lugte noch eine Weile dem lieben Gott zu und jagte dann die Schäflein von der Heide.

In der Nacht wird er wohl kommen, dachte ich, und da werden ihn Vater und Mutter sehen, und wir können ihm, wenn er bei uns bleiben will, gleich das hintere Stübel und das Hausaltarl herrichten.

Ich lag im Schiebbettlein neben Vater und Mutter, und ich konnte nicht schlafen. Die Nacht verging, und der, den ich gemeint hatte, kam nicht.

Am frühen Morgen aber, als der Haushahn die Knechte und Mägde aus ihren Nestern hervorgekräht hatte und als draußen

im Hofe schon der laute Werktag anhub, kam ein alter Mann (sie hießen ihm den Schwamm-Beitel) zu meinem Vater, brachte ihn den verschenkten Teil von meinem Rock und erzählte, ich hätte denselben abends zuvor in meinem Mutwillen zerschnitten und ihm das eine Stück an den Kopf geworfen, wie er so ein wenig vom Pilzesuchen ausgeruht habe auf der Schafheide.

Darauf kam der Vater, eine Hand hinter dem Rücken, ganz leicht an mein Bett geschlichen: »Geh, tu mir's sagen, Bub, wo hast denn du dein neues Sonntagsjöppel?«

Das leise Schleichen mit der Hand hinter dem Rücken war mir sogleich verdächtig vorgekommen, und jetzt ging mir schon das Gesicht auseinander, und weinend rief ich: »Ja, Vater, ich hab' gemeint, dem lieben Herrgott hätt' ich es 'geben.«

»Jesses, Bub, du bist aber so ein Trottel, so ein Halbnarr!« schrie mein Vater.

Wie nun die Hand mit der gewundenen Birkenrute zum Vorschein kam, erhob ich ein Zetergeschrei.

Eilte sogleich die Mutter herbei. Sie tat sonst selten Einsprache, wenn der Vater mit mir Gericht hielt, heute aber faßte sie ihm die Hand und sagte: »'s Röckel flick' ich leicht wieder zusammen, Alter. Geh jetzt mit, ich muß dir was sagen.«

Sie gingen beide hinaus in die Küche; ich denke, dort haben sie über die Martinigeschichte gesprochen. Sie kamen nach einer Weile wieder in die Stube.

Der Vater sagte mit fast dumpfer Stimme: »Sei nur still, es geschieht dir nichts.«

Und die Mutter flüsterte mir zu: »Ist schon recht, wenn du das Röckl dem lieben Herrgott hast wollen geben, aber besser ist's noch, wir geben es dem armen Talmichelbuben. In jedem

Armen steckt der liebe Gott. Schau, der heilige Martinus hat's auch schon gewußt. So, und jetzt, mein Bübel, hupf auf und schlüpf ins Höslein; der Vater ist noch nicht allzuweit mit der birkenen Liesel.«

Nachwort

Als Peter Rosegger am 31. Juli 1843 in Alpl bei Krieglach in der Obersteiermark zur Welt kam, hätte sicher niemand gedacht, daß das kleine Kind in der Wiege einmal ein berühmter Schriftsteller werden würde. Daß er, der älteste von sieben Geschwistern, das Vieh hüten und den Vater beim Pflügen unterstützen würde, schon eher, denn er wurde in eine arme Bergbauernfamilie hineingeboren.

Aber er war ein Knabe mit einem wachen Blick für seine Umwelt. So konnte er später, als er begann, Geschichten und Gedichte zu schreiben, so lebendig und mit einem Blick für das Bemerkenswerte im Alltäglichen von seinen Jugenderlebnissen in der »Waldheimat« berichten, daß er im gesamten deutschsprachigen Raum auch außerhalb Österreichs Anklang fand. Pädagogen nahmen seine Texte oft und gern in Lesebücher auf; als Volks-Rosegger standen Sammelbände mit seinen Geschichten unter dem Titel »Als ich noch der Waldbauernbub war« in vielen deutschen Bücherschränken.

Roseggers gesammelte Werke, 1913 - 1916, zwei Jahre vor seinem Tod herausgegeben, umfassen vierzig Bände. Das meiste ist heute allenfalls noch Spezialisten bekannt, aber die Erzählungen aus seiner Jugendzeit wurden zu Klassikern der Kinder- und Jugendliteratur und sind es bis heute geblieben. Zugegeben, das sind keine Geschichten, die man aufschlägt und in einem Zug zu Ende liest. Es ist die Sprache des 19. Jahrhunderts, und für die Norddeutschen hält sie manche überraschende Wendung und neue Vokabel wie »Germ« (Hefe) oder »Taschenfeitel« (Taschenmesser) bereit. Aber niemand, der sich auf die Lektüre einläßt, kann sich dem Charme, der Lebendigkeit und der Natürlichkeit dieser Erzählungen entziehen. Man läßt sich gerne entführen in die Mitte des 19. Jahrhunderts und erlebt staunend und amüsiert mit, wie der kleine Peter mit seinem Paten, dem Knierutscher Johann, seine erste Begegnung mit der noch neuen Eisenbahn und deren Tarifsystem macht, in dem Preise und Leistungen nicht ausgehandelt werden, sondern festgesetzt sind. Wir erfahren, wie allgegenwärtig der liebe Gott und seine Heiligen sind, wie aber die Anfechtungen des Bösen etwa in Form des Kartenspiels noch viel reizvoller, aber auch gefährlicher sein können. Wir erleben das rauhe, karge Leben des Bergwinters und zugleich die unendliche Geborgenheit, die ein Ofen spenden kann. Wir werden Zeuge des schwierigen Prozesses, in dem die Eltern, besonders der Vater, und das Kind ihre Rollen finden, und der trotz der Krisen bedingungslosen und unerschütterlichen Liebe, die eine intakte Familie ihren Mitgliedern zu geben imstande ist. Wir nehmen Anteil, wenn der »Waldschulmeister« seine Kinder zur Schulprüfung nach Krieglach führt und glänzend mit ihnen abschneidet, wenn er auch über den kleinen Peter Rosegger entschuldigend sagen muß: »Das ist halt von den Schwächeren einer.« Wir feiern mit dem Waldbauernbuben und seiner Familie Weihnachten und denken darüber nach, wie ein Nichts, das wir uns jeden Tag leisten können, den Alltag damals in einen himmlischen Glanz einzutauchen vermochte. Wir versetzen uns in den Buben, der über dem sehnsüchtigen Verlangen nach einem »Taschenfeitel« die tatsächlichen Freuden übersieht, der als ältester seinen Ruf unter den Geschwistern wahren muß, und der, ums »Hasenöl« geschickt, wichtige Erfahrungen in bezug auf Sein und Schein macht. Kurz, wir erleben, wenn auch in einer anderen Zeit und unter anderen Umständen, eigentlich alle Probleme mit, die uns selbst berühren. Wir, das sind die – so Peter Rosegger in dem 1897 erschienenen

Sammelband »Waldjugend« – »jungen Leute von 15 bis 70 Jahren«, wobei man die Altersgrenze an beiden Seiten ruhig noch ein wenig ausdehnen sollte.

Die Weihnachtserzählungen Roseggers stehen, da sie am schnellsten ein Eintauchen in die Welt des Verfassers ermöglichen, nicht zufällig am Anfang dieser Ausgabe. Peter Rosegger selbst und sein Verlag, der L. Staackman Verlag in Leipzig, haben die Erzählungen, die nach und nach ohne erkennbares Prinzip erschienen sind, mehrfach in Sammelbänden unter bestimmte, recht allgemeine Motti wie »Waldjugend« oder »Als ich noch der Waldbauernbub war« gestellt. Die Auswahl in der *Arena-Kinderklassikerreihe* wurde unter dem Gesichtspunkt vorgenommen, ein Jahr im Leben des Waldbauernbuben zu dokumentieren. Und in der christlich-katholischen Umgebung, in der der Junge aufwächst, sowie angesichts der Bedeutung, die das Weihnachtsfest dort hatte, ist es nur folgerichtig, wenn wir für unsere Auswahl nicht das Kalender-, sondern das Kirchenjahr zugrunde legen, das im Advent beginnt. Die Gliederung nach dem Jahreslauf paßt sehr gut in Peter Roseggers Zeit. Denn vor hundertundfünfzig Jahren spielte der Jahresablauf eine viel entscheidendere Rolle als heute, wo zu Beginn des Jahres die Schokoladenosterhasen und im August die Christstollen zu kaufen sind.

Peter Rosegger vermittelt auch den Menschen um die Jahrtausendwende die Erfahrung, daß die Geborgenheit einer Familie und die natürliche Neugier, die menschliche und natürliche Umwelt zu erfahren und zu begreifen, weder durch einen Dampfwagen noch durch einen Intercity, weder durch »Hasenöl« noch durch »Risiken und Nebenwirkungen«, weder durch den im Kopf auszurechnenden Wochenlohn eines Tagelöhners noch durch den Umgang mit Taschenrechner oder Computer ersetzt werden können.

So hoffe ich, daß möglichst viele Leserinnen und Leser von 10 bis 100 Jahren den Waldbauernbuben durch das Jahr begleiten werden. Damit dies auf möglichst echte Weise geschieht, sind die Geschichten nur da, wo allzu viele Erklärungen nötig gewesen wären, geringfügig gekürzt oder bearbeitet worden. Im übrigen sind sie ganz in der Sprache und dem Stil Peter Roseggers belassen – ein Leseerlebnis, das sich lohnt!

Freya Stephan-Kühn